4·16구술증언록 단원고 2학년 1반 제6권

그날을 말하다

연화 아빠 이종해

이 도서의 국립중앙도서관 출판예정도서목록(CIP)은 서지정보유통지원시스템 홈페이지(http://seoji.nl.go.kr)와
국가자료공동목록시스템(http://www.nl.go.kr/kolisnet)에서 이용하실 수 있습니다.
CIP제어번호: CIP2019008065

4·16구술증언록 단원고 2학년 1반 제6권

그날을 말하다

연화 아빠 이종해

4·16기억저장소 기획 편집
(사)4·16세월호참사가족협의회 지원 협조

일러두기

1. 음절로 식별 가능한 소리를 들리는 대로 전사하는 것을 원칙으로 한다.

2. 의미를 파악하기 위해 추가 설명이 필요할 경우 [ ]로 표시한다.

3. 몸짓, 어조 등 비언어적 행위는 ( )로 표시한다.

4. 구술자가 말을 잇지 못해 말줄임표를 사용하는 경우 ……, …로 길고 짧음을 표시한다.

5. 비공개 영역은 〈비공개〉로 표시한다.

6. 비공개해야 하는 희생자 형제자매의 이름은 ○○, △△ 등의 도형기호로, 생존자의 이름은 A, B, C 등 알파
   벳 대문자로 표시한다.

7. 비공개해야 하는 제3자는 직분이나 소속, 성만 공개하고, 이름은 ××로 표시한다. 비공개해야 하는 숫자는
   자릿수에 상관없이 □로 표시하며, 지명은 □□로 표시한다.

책머리에

　4·16기억저장소에서는 세월호 참사 5주기를 맞아 구술증언 수
집 사업의 결과물 일부를 100권의 책으로 발간하게 되었습니다.
이 사업은 2015년 6월부터 다양한 학문 분야 구술 연구자들의 자
발적인 참여로 진행되어 왔으며, 세월호 참사를 좀 더 정확하고 다
각적으로 기록하고 기억하고자 하는 노력의 일환으로 수행되었습
니다.

　2014년 참사 발생 이후, 참사 피해자들의 목격담과 경험은 안타
깝게도 공식적인 국가기관과 언론의 기록 속에서 철저히 소외되거
나 왜곡되었습니다. 그것은 세월호 참사가 우리에게 안긴 죽음과
고통의 충격만큼이나 우리 사회의 끔찍한 비극이었습니다. 따라서
사업을 진행하면서 세월호 참사 희생자 가족, 생존자, 생존자 가족,
어민, 잠수사, 활동가, 기자 등등, 참사의 초기 과정을 직접 경험한
분들의 증언을 우선적으로 수집했습니다. 구술자는 이 사업의 취

지와 방식에 개인적으로 동의한 분 중에서 선정했으며, 참여 과정에 어떠한 금전적 보상이나 이익이 제공되지 않았습니다. 또한 구술증언 수집 사업을 진행하는 동안, 면담자는 연구자이자 참사를 겪은 공동체 시민으로서 최대한 윤리적이고자 노력했습니다.

구술자마다 매회 약 2시간씩 3회를 원칙으로 음성 녹취와 영상 촬영을 하는 방식으로 진행되었고, 증언의 일관성을 확보하기 위해 면담자는 큰 틀에서 공통 질문지를 사용했습니다. 공통 질문지의 내용은 참사와 구술자 간의 관계성에 따라 차이가 있지만, 유가족 구술의 경우 1회차 '참사 이전의 삶, 팽목항과 진도에서의 경험, 자녀에 대한 기억'을, 2회차 '참사 이후 투쟁과 공동체 활동 경험'을, 3회차 '참사 이후 개인 및 가족이 경험한 삶의 변화와 깨달음, 자녀의 현재적 의미'를 중심으로 했습니다. 이처럼 증언 내용은 참사 이전에서 시작해 참사 발생 당시의 경험과 이후의 변화 과정까지 폭넓게 수집했고, 면담자는 구술 채록 과정에서 구술자의 발화를 최대한 존중하고자 했으며, 무엇보다 각자의 특수한 경험과 다른 시각을 충실히 반영하고자 했습니다.

이 구술증언록의 발간을 위해, 채록된 음성 자료는 문서로 변환해 구술자와 함께 검토했고, 현재 시점에서 공개할 수 있는 영역과 할 수 없는 영역으로 구별했습니다. 따라서 책에 실린 내용은 모두 구술자로부터 공개를 허락받은 부분입니다. 비공개 영역은 추후 구술자의 동의를 받아 적절한 절차를 거쳐 추가로 공개될 수 있으리라 생각합니다.

이 구술증언록 100권에는 그동안 우리 사회에 왜곡되어 알려지거나 잘 알려지지 않았던, 참사 발생 직후 팽목항과 진도 혹은 바다에서의 초기 상황에 관한 중요한 증언이 포함되어 있습니다. 또한, 자녀를 잃는 잔인하고 애통한 상황을 겪으면서도 그 누구보다 강인한 정치적 주체로 성장할 수밖에 없었던 유가족의 마음과 경험을 구체적으로, 그리고 여러 각도에서 살펴볼 수 있습니다. 그 외에도, 이 구술증언록은 2014년을 전후한 한국 사회의 여러 측면을 드러내는 귀중한 자료가 되리라고 생각합니다. 무엇보다 국내외의 많은 분이 이 책을 읽어, 장차 세월호 참사의 진상 규명과 역사 서술에 기여할 수 있기를 바랍니다.

구술증언 수집 사업이 진행되고, 책으로 출간되기까지 많은 분의 도움과 지지가 있었습니다. 이 지면을 빌려 부족하나마 감사의 말씀을 전하고자 합니다.

먼저 (사)4·16세월호참사가족협의회와 4·16기억저장소에 감사를 드립니다. 이분들의 신뢰와 적극적인 협조가 없었다면, 이 사업은 처음부터 시작할 수조차 없었을 것입니다. 또한 어려운 정치 환경 속에서도 사업의 취지에 공감해 재정 지원을 결정해 준 아름다운가게와 역사문제연구소에 감사드립니다. 두 단체 덕분에, 이 사업을 4년 동안 계속해 올 수 있었습니다. 그리고 구술증언록 100권의 발간에 동의하고, 바쁜 일정에도 출판 실무를 기꺼이 맡아주신 한울엠플러스(주)에도 감사를 드립니다. 이 외에도 많은 개인과 단체가 직간접적으로 많은 도움을 주시고 격려해 주셨습니다. 여기에 모두 밝히지 못하는 것을 죄송하게 생각합니다.

　말할 필요도 없이, 가장 크고 또 가슴 아픈 감사는 구술자 한 분 한 분께 드리고자 합니다. 이 책이 발간될 수 있었던 것은, 무엇보다 용기를 내어 아픔과 고통의 기억을 다시 떠올리고 장시간 진심으로 이야기를 해주신 구술자가 있었기 때문입니다. 오랜 시간 이야기를 나누며 함께 공감하기도 했지만, 그 아픔과 고통을 어떻게 가늠할 수 있을까 싶습니다. 더 큰 도움이 되지 못함을 안타까워하며, 이 구술증언록 100권의 발간이 피해자분들에게 조금이라도 위로가 될 수 있기를 기원합니다.

2019년 4월

4·16기억저장소 구술팀 책임자
서울대학교 인류학과 교수 이현정

차례

연화 아빠 이종해

구술자 이종해는 단원고 2학년 1반 고 이연화의 아빠다. 유달리 아빠를 잘 따르고 애교도 많았던 연화는 오빠를 둔 막내였다. 너무나 예쁘고 사랑스럽던 막내딸이기에, 아빠는 잊으려 해도 잊을 수 없는 기억을 안고 일상을 살아낸다.

이종해의 구술 면담은 2017년 1월 13일, 20일, 2월 2일, 그리고 2019년 1월 26일, 4회에 걸쳐 총 4시간 17분 동안 진행되었다. 면담자는 박여리·김익한, 촬영자는 김솔·강재성이었다.

구술자 본인의 프라이버시나 제삼자의 프라이버시를 보호해야 할 부분을 제외하고는 구술자의 발화를 있는 그대로 전사했다.

1회차

2017년 1월 13일

시작 인사말

면담자　　　　본 구술증언은 4·16 사건에 대한 참여자들의 경험과 기억을 기록으로 남김으로써 이후 진상 규명 및 역사 기술에 기여하고자 합니다. 지금부터 이종해 씨의 증언을 시작하겠습니다. 오늘은 2017년 1월 13일이며, 장소는 정부합동분향소 내 기독교방입니다. 면담자는 박여리이며, 촬영자는 김솔입니다.

구술 참여 동기, 근황과 진상 규명 활동 경험

면담자　　　　먼저 본 구술증언을 어떻게 아셨어요?

연화 아빠　　　저도 기억이 안 나는데, 전화가 왔어요. 4·16기억저장손가 어디서 전화 와가지고 예전에 구술 그 뭐야 동의를 했었다고 그러더라고. 정신이 없어서 아 그랬냐고, 그래 갖고 한다고 했지 뭐. 약속은 어차피 한 거니까.

면담자　　　　그러면 언제 약속하셨는지는 기억나세요?

연화 아빠　　　네, 그 기억이 없어요. 나이 먹어서 그런가, 나이 먹었다고 하긴 뭐 하지만 많이 깜빡깜빡하니까.

면담자　　　　이렇게 남긴 기록이 나중에 어떻게 사용됐으면 좋겠다고 생각하세요?

연화 아빠   그것까지는 아직 생각은 안 해봤어요. 어차피 이 건에 대해서 누구는 남겼으면 하는 사람들이 있지만, 솔직히 잊고 싶은 마음이기 때문에 저희들 부부는 어떤 거에 남기는 거에 대해서 크게 저기를 안 하고 있거든요.

면담자   그러면 최근에 당직도 하지만 계속 활동하시잖아요, 혹시 기억에 남는 일이 있었나요? 최근 2~3주 동안 하신 일 중에서요.

연화 아빠   제가 여기에도 지금 했지만, 환자라서 많이 움직이지를 못해요. 그러니까 지금 치료받고 있는 것도 있고, 또 이게 허리하고 무릎이 지금 나가다 보니까 어디 오래 해가지고 앉아 있거나 이게 쉽지가 않아서 그렇게 활동은 많이 하지 않아요. 예전에 한참 할 때는 차 타고 서포트하는 식으로 움직였는데, 지금은 차 타고 서포트할 수 있는 그게 아니다 보니까. 어차피 촛불집회나 이런 것들도 가면 한참 앉아 있어야 되고, 움직여야 되고 그렇다 보니까 요즘에는 뜸하죠, 한참 할 때 하고는 다르게.

면담자   어디가 많이 안 좋으세요?

연화 아빠   예전서부터 뇌하수체 종양이 있어 가지고, 지금 한 20여 년간 치료 계속하고 있고, 그다음에 심장 쪽하고 수술을 한 5~6번 했어요. 얼마 전에도 여기 허리 쪽에 수술을 하고 지금 한 달 조금 넘었나? 그래 가지고 있기 때문에 무릎, 허리, 그다음에 뭐

연화 아빠 이종해

심장, 머리, 종합병원이에요. 그렇다 보니까 많이 저기는 못 해요.

면담자   언제부터 그렇게 안 좋으셨어요?

연화 아빠   머리하고 심장은 결혼할 때. 결혼하면서 알게 됐고, 나머지 무릎하고 허리는 최근에 이거 활동하고 뭐 하고 하면서 더 심해진 거죠, 저기 해서.

면담자   그럼 최근에는 거의 활동 참여 안 하시고 계신가요?

연화 아빠   그렇죠, 작년 하반기 이후에는 거의 활동을 못 한다고 봐야지. 안 하고 물리치료 받고 하느라고.

3
안산 정착 시기와 하루 일과

면담자   아버님은 언제부터 안산에 사셨어요?

연화 아빠   저는 회사, 군대 제대하고 바로 지금 다니는 회사에 취직이 돼가지고 1990년 1월 달서부터 해서 여기 거주하고 있어요.

면담자   그때 결혼하신 상태였나요?

연화 아빠   아니죠. 여기 와서 회사에서 사내 커플로 만나가지고 지금까지(웃음).

면담자   그러면 연화는 언제쯤, 연화 오빠와 터울은….

연화 아빠   아들내미가 95년생이에요. 제가 원래 92년도에 집사람 만나갖고 93년도에 결혼하게 됐는데, 뇌종양이 발병하면서 수술하고 뭐 하고 치료받고 하느라고 1년을 미뤄가지고 94년도에 허니문 베이비로 해가지고 95년도 출생이죠. 94년 12월 달에 결혼했는데 아들내미가 나왔죠.

면담자   그리고 연화…….

연화 아빠   저희 집은 첫애는 무조건 아들이고, 둘째는 기정사실로 딸이라서 아들딸이라는 걸 별로 걱정을 안 하고 그냥 낳았는데 딱 맞아떨어지더라고요.

면담자   그러시군요? 친척 분들이 다 그런가요?

연화 아빠   예, 식구들이 다 그래요. 첫애는 무조건 아들이고, 6남매인데 첫째는 다 아들이고 둘째는 다 딸이에요.

면담자   신기하네요.

연화 아빠   그다음에 딸 나오고 그렇게 돼가지고 걱정은 안 하고 그냥 저기를 했어요.

면담자   직장에 지금까지 다니시는 거죠? 어떤 직종인가요?

연화 아빠   저희는 제약 회사예요. 약 만드는 회사고, 저는 거기서 기계 유지·보수하고. 젊어서는 유지·보수인데, 요즘에는 검토하고 기계 발주 업무를…… 주로 앉아서 일을 하죠.

면담자　　　무척 바쁘셨겠네요. 야근이 많은가요?

연화 아빠　　젊어서는 거의 기계 수리해야 되고 뭐 하고 해야 되
다 보니까, 일요일은 안 나가더라도 평일 날은 한 7~8시? 토요일
날은 나가서 수리하고, 저희 쪽은 남들 일할 때 수리하기보다도 끝
나고 난 다음에 수리가 많으니까 그렇게 해서 저기 했죠. 나름대로
재미도 있고.

면담자　　　그러면 4·16 이전에 평소 아이들하고 같이 보낼 시
간이 많지 않았겠어요.

연화 아빠　　예. 저희들은 다른 집하고 다르게, 저도 그렇고 집사
람도 그랬고, 어디 움직이는 걸 별로 안 좋아해요. 연애할 때도 한
곳에 모여서, 거기 한곳 모인 데서 2~3시간 그냥 이야기하고 하는
정도라 어디 많이 돌아다니지는 않았어요. 또 처음에 몇 년 동안
애 낳고 한 2~3년 동안은 직장생활을 집사람이 안 했었는데, 집사
람도 직장생활 하게 되면서 유치원 쪽에 그냥 맡기고 맞벌이하고
그렇게 생활해서, 애들하고 못 지낸 것도 없는데 그런다고 어디 같
이 크게 놀러 다니고 하면서 추억거리는 이렇게 많지는 않아요, 저
기 해서. 그래도 애들은 또 애들 나름대로 활달하게 커줘 가지고
항상 고맙게 생각하죠.

면담자　　　보통 하루 일과가 어땠나요?

연화 아빠　　아, 저요? 요즘에요? 아니면 예전에?

면담자   이전에.

연화 아빠   예전에는 보통 7시 정도에 일어나서 씻고 한 8시 정
도까지 회사, 여기 한 10여 분밖에 안 걸리니까 8시까지 출근해서
그러면 집에 오면 8시나 9시 정도. 그게 저희 생활 패턴이고, 집사
람도 맞벌이를 하다 보니까 집사람은 한 5시나 6시 정도에 들어와
서 애들 챙기고 그랬지. 그리고 거의 집사람이 애들 있기 전에는
맞벌이를 했기 때문에 중간중간 틈이 있었는데, 집사람 같은 경우
에는 계속 사회생활 하다가 중간에 몇 개월 이렇게 쉬고 그러면 우
울증 비슷하게 오는 거 같아요. 그래 가지고 돈을 벌기 위해서 나
가는 게 아니라 그런 것들 때문에 다니는 거거든요. 이거[세월호 활
동] 하기 전에도 직장생활은 했었어요, 계속.

면담자   아이들은 학원에 가거나 야간 자율학습 하거나 그랬
겠네요.

연화 아빠   초등학교 때까지는 했어요, 애들 다. 그리고 큰애가
중학교 3학년 정도 되고, 딸내미가 중학교 1학년 정도 됐을 때 학
원을 다니고 하는데 성적이 안 올라가요. 부모들이 없어서 그런 건
지 몰라도 성적이 안 올라요. 다 모아놓고 "뭐 할래?" 그래 가지고
"학원을 계속적으로 다닐 거냐, 아니면 너희들 하고 싶은 거 할 거
냐?" 그러니까 학원은 안 다니겠다고 하더라고. 그러길래 원래 그
냥 아들내미는 춤 배우러 다닌다고 해갖고 춤 학원 다니고, 딸내미
는 네일 아트나 이런 것들 한다고 해가지고 집에서 자기 혼자, 아

니면 친구들 불러다가 이거 연습하더라고. 칠하고 색색이 칠하고 그런 것, 자기 스스로 혼자 하니까 그렇게 해서 저기 했죠. 저희들은 학원 가고 공부하는 거에 대해서 부담은 안 줬기 때문에.

면담자　　　연화도 춤 동아리 활동하지 않았어요?

연화 아빠　　네, 춤 동아리.

면담자　　　그러면 둘 다 춤을 잘 췄네요? 오빠도 춤…….

연화 아빠　　솔직히 아들내미는 자기가 노래하고 춤을 하겠다고 해가지고 학원을 보낸 거고, 연화는 막 고등학교 들어오면서 동아리를, 댄스 동아리를 해가지고 나름대로 취미를 붙이더라고요. 토요일 날도 나가고, 일요일 날은 모임 있으면 나가고 해서 거기다 취미를 붙이더라고. 재미있다고 하는데 그렇게 뭔가를 하기 위해서 하는 게 아니라, 친구 만나러 다니고 춤추는 게 나름대로 재미있으니까 취미를 붙인 거 같애. 실력이 있거나 그런 건 아닌 것 같애.

면담자　　　주말에는 보통 어떻게 지내셨어요? 토요일에는 출근한다고 하셨고.

연화 아빠　　저희들이 애들 어려서 장인이 살아 계실 때는 거의 한 달에 한두 번? 세 번을 처갓집을 갔었어요, 정말. 쉬는 날에는. 왜냐면 장인어른이 애들 보고 싶어 하니까. 거기 가고, 휴가 때도 처갓집이 포천 산정호수 쪽이라 어차피 그쪽으로 휴가를 보내고. 그래 갖고 가는데, 장인어른이 2000, 2001년도인가 돌아가시고 그러고 난 다음에 약간 뜸해졌죠. 그렇게 하고 평상시에 이쪽에 있을 때는 가까운 데나 대부도나 이런 데 잠깐 다니고 그리고 멀리는 안 가고 그런 쪽이고, 주로 영화를 많이 봤어요, 저희들은. 심야 영화라든가. 저녁때 밥 먹고 가서 보고, 쿠폰 그냥 한 달씩 왕창 끊어가지고 다니고. 옛날에 영화를 많이 봤는데, 딸내미 저기 하고 난 다음에는 요즘에는 영화를 많이 안 보는 편이죠, 예전에 비해서는.

면담자   가족이 같이 보셨어요?

연화 아빠   네, 같이. 심야 영화도 보고, 저녁에도 보고. 서로 안 맞는 게 있으면 애들은 애들대로 비슷한 타이밍에 보내고, 우리는 우리대로 보고 저녁에 끝나고 다 같이 만나고, 또 저녁 먹고 그렇게 하고 그런 식으로 저기 했어요.

면담자   그래도 가족끼리 시간을 많이 보낸 편이었네요.

연화 아빠   나름대로는 저희들끼리 대화는 많이 해요, 갔다 와서. 대화가 집사람하고 저하고는 드라마를 많이 좋아하니까 저녁에 와서 둘이 TV, 똑같은 드라마를 보면서 드라마 이야기하고, 애들은 또 애들대로 같이 어울려서 이야기하고 그러니까 대화는 그래도 많이 하는 편이고. 같이하는 시간이 어디를 움직이는 거를 많이 안 해서 그렇지, 같이 집에서도 장난치고 놀고 이야기하고 하는 거는 많이 했죠. 남들은 더 많이 하신 분들도 있지만, 나름대로 부족하지는 않았던 것 같아요.

4

연화의 성격, 그리고 일화

면담자   연화와 같이 지내면서 특별히 생각나는 기억이 있을까요? 어릴 때도 좋고, 커서도 좋고, 지금 떠오르는 일화가 있으면 들려주세요.

연화 아빠   일화는 일단은 저희 딸내미가 애가 딱 태어나고 난 다음부터 엄마한테 안 가고 저한테만 왔어요. 밥을 먹일 때도 그렇고, 어디를 데리고 나가도 그렇고, 저만 붙어 있어요, 엄마한테 안 가고. 그러니까는 애착이 상당히 많이 가요. 중학교 돼서도 밥 먹을 때 보면 무릎에 앉아갖고 밥 같이 먹고 그렇게 할 정도니까, 많이 저기 하죠. 아이고, 또 눈물이 나네. 그다음에 저기 했던 거는 고등학교 1학년 때인가, 중학교 3학년 때인가 기억이 가물가물한데, 아들내미가 수학여행을 제주도를 갔거든요. 제주도를 갔는데, 가는 시기에 엄마도 동창 모임에서 제주도를 같이 갔어요. 아들내미는 비행기 타고 가고, 엄마는 전날 인천에서 세월호 그거 타고 가고. 그때는 세월호가 아니고 오바마[오하마나호] 뭐 또 하나 있잖아요, 쌍둥이 배, 그거 타고 가고. 그러고 나는 집에 있으니까 저하고 딸내미밖에 없는 거예요. 그래 갖고 딸내미하고 둘이 해가지고 장모님을 모시게끔 해가지고, 출발하는 날 우리 비행기 표 몰래 끊어놓고. 그래 갖고 엄마 가고, 아니 그러니까 집사람 가고, 아들내미 수학여행 떠나고, 우리는 다음 날 처남도 간다고 해갖고 처남

표까지 해가지고 네 명이서 콘도를 하나 빌려가지고 출발을 했어요.

면담자　　　어디로요?

연화 아빠　　비행기로, 제주도로.

면담자　　　그쪽으로 가신 거예요?

연화 아빠　　네. 그래 가지고 그날 저녁에는 우리 식구들끼리만 처남, 장모, 딸내미, 저 이렇게 네 명이서 그 콘도에서 묵고, 그다음 날 집사람 만나가지고 깜짝 이벤트 하자, 제주도 왔다고 해갖고 집 사람한테 전화해서 집사람 올라오는 비행기 취소시키고 만났어요. 만나갖고 집사람하고 장모님하고 같이 구경하는데, 경일고등학교 차가 지나가는 거예요. 아들내미가 경일고등학교니까 깜짝 놀래켜 주자 하고서는 계속 쫓아갔어요. 쫓아갔는데, 경일고등학교가 아들내미 물어보니까 다 모르는 거예요. 그래 갖고 '왜 모르지?' 하고서는 누구한테 물어보니까, 일부 몇 반 애들은 이미 성산일출봉인가 그쪽으로 떠났다고 하고, 우돈가? 그쪽으로 떠났다고 하고. 그래서 못 만나는가 보다 하고서는 그냥 왔는데, 목장인가 그 말 타는 데 거기 갔는데, 거기 또 경일고등학교가 있더라고. 보니까 거기가 안산 경일이고, 아까 만났던 데는 다른 데 경일이 있더라고.

면담자　　　다른 지역 경일고등학교였군요?

연화 아빠　　네. 그게 우연찮게 그렇게 돼가지고, 아들내미가 거기 있는 줄 알고 아들내미 찾고 그랬는데 아들내미는 없더라고요.

그래 갖고 물어보니까 경일고등학교 차가 여러 대니까 반반 나눴나 봐. 끝내 아들내미는 못 보고 통화만 그냥 하고 장모님하고 딸내미하고 이렇게 제주도 구경하고 올라왔던 저기가 있죠. 그게 가장 속에 남고. 그다음에 마지막 여행이 부산은 1월 달에, 2월이구나, 2월 초엔가 부산에 갔다 왔거든요. 4월 달에 사고가 났으니까 2월 달에 [친척] 결혼식 [참석] 겸해서 저희 부부가 부산 여행을 한 번도 안 갔기 때문에 장모님 모시고 부산 투어 한번 하고 올라온 게 마지막 여행이었던 거죠.

면담자   연화는 어떤 아이였나요?

연화 아빠   착해요. 그러니까 어떻게 보면 친구들이 그런다고 하더라고, 중학교나 고등학교 내에서 무섭다고, 딸내미가. 왈가닥이라고, 무섭다고 그러는데 집에서는 상당히 착해요. 만약에 용돈을 주면, 누가 용돈을 주면 받아가지고 지 오빠 챙겨주고. 오빠하고 만약에 아빠나 엄마하고 싸워갖고 어디 저녁 먹으러 가자 그러는데 안 간다 그러면 오빠 안 가면 자기도 안 간다고 챙길 정도예요. 그렇게 저기고 또 아들내미는 돈이 모이면 써요, 바로바로 갖다 써. 근데 얘는 돈이 모이면 다 차곡차곡 쌓아놔. 그래 놓고 나중에 돈이 없으면 "어디 갔냐?" 그러면 다 오빠 준 거야. 오빠가 "야, 돈 줘라, 돈 줘라" 그러면 다 뀌주는 거야. 받지 못할 거를 분명히 알면서 꿔줘요. 그만큼 상당히 착해요. 그리고 엄마 없을 때는 자기가 하고. 엄마가 동창회나 어디에서 놀러 가면 또 아빠하고 엄마

하고 맨날 붙어 살다가 외롭다고 안방으로 와서 같이 자고, 그렇게 저기를 해요. 그러니까 아빠 입장에서 보면 많이 생각나지. 저기해서 될 수 있는 대로 잊으려고 하죠. 잊으려고 하는데 그게 마음대로 안 되니까.

면담자　왜 잊으려고 하세요?

연화 아빠　아니, 어차피 우리 옛날 부모님들 그렇잖아요. 저도 보수적이라서 어차피 간 사람은 간 거고, 또 여기 산 사람은 산 거니까, 제가 여기서 우울해하고 하면 분위기가 우울해지잖아요. 저희들 집사람이나 아들내미도 우울해질뿐더러 처갓집이나, 이쪽 저희 친가 쪽에서도 어차피 제 눈치를 볼 수밖에 없으니까. 그렇다 보니까 될 수 있는 대로 잊고 살라고 하는데 그게 안 됐어요. 실질적으로 보면 회사에서도 가보면 업무에 지장이 안 되게끔 업무를 하니까 고맙다고들 그러는데, 회사는 회사 일이고, 집에 오면 하루에 한 두세 번은 울어요. 왜 그러냐면 TV 보다가 요즘에 이번에 종영된 드라마 있잖아요. '오 마이 금비' 그거 보면 딸내미 생각나죠, 또 그거 끝나고 다른 데 틀면 이것저것 사건 사고나 왜 이런 거에서도 나오면 그 생각나고. 기본적으로 하루에 한 두세 번은 우는가 봐요. 눈물, 통곡하고 우는 건 아니지만 눈물이 주르륵 흐르고, 주르륵 흐르고 하는 거는 하루에 한 두세 번은 있고. 그런 다음에 딸내미한테 일주일에 한 번씩 가거든요. 일주일에 한번 가면 한 5분? 솔직히 거기서 이렇게 보고 오는 거는 한 5분밖에 안 봐요. 가면 욕

부터 시작하지. 이름이 연화잖아요, "야, 이년[연]아[화]" 하고 욕부
터 먼저 시작해요. 그게 어떻게 보면 이 마음 어떻게, 일단 딸내미
한테 갔다 오면 마음이 진정이 되겠더라고. 그렇게 살아가는 거지
다른 게 없어요, 평상시에 즐겁게 보내고.

면담자   연화를 키울 때 중요하게 생각하신 점이 있을까요?
가치관이나 양육관이요.

연화 아빠   저는 지금도 그렇고, 저도 마찬가지고, 저희 부모님
한테 배운 게 다른 거 다 몰라도 정직해라, 그 한 가지. 거짓말하지
말라는 거가, 혼나더라도 거짓말을 한 번 하기 시작하면 요만한 게
계속 눈덩이처럼 불어나니까 차라리 그냥 요만할 때 그냥 한번 욕
얻어먹으면, 야단을 맞든 뭐를 하든 맞으면 되는데, 이걸 이렇게
키워놓으면 감당이 안 되거든요. 그러니까 가장 저기 할 때부터
"거짓말만 하지 마라. 다른 건 그렇다. 공부를 못해도 문제없고, 사
는데. 근데 거짓말하는 거는 일단 신뢰가 떨어지기 때문에 그거는
하지 말라"고 항상 교육을 시켰죠, 어려서부터. 저도 그렇게 배워
왔기 때문에. 직장, 공부는 아까도 말씀드렸지만, 공부는 저도 고
졸 출신이거든요, 이 회사에 와서 생활에 어려움 없이 생활할 정도
는 되거든요. 급여도 그렇고 뭐도 그렇고. 그거를 해놨기 때문에
요즘 애들은 대졸이 되던 전문대졸이 돼도 취업하기 힘들잖아요.
우리 때는 고졸이라도 생활하는 데는 문제가 없었어요, 우리 세대
에는. 제가 그래서 그런지 몰라도 주위에서 보면 대부분 다 먹고살

왔거든요? 그렇게 때문에 그게 [공부가] 중요하지 않다고 생각을 해요. 융통성이 있고 그러면 지금도 직장생활 하면서 다 생활하거든요. 그렇기 때문에 생활하는 거는 문제가 없어서 그런 쪽으로만 중점적으로 [이야기하고] 다른 건 크게 터치를 안 했어요. 그리고 애들이 또 그런 부분에서는 잘 따라줬고.

5
세상 살아가는 일에 대한 관심

면담자   입시와 관련해서 특별히 관심이 있다거나 하지는 않으셨나요?

연화 아빠   없었어요. 왜? 제가 입시 그거를 안 했는데 무슨 아들내미한테 그걸[대입 시험을] 봐라 마라 [하겠어요]. 대신에 아들내미한테 그거는 지금도 이야기는 하고 있어요. "너 전문대졸은 돼야 고졸보다 사회에서 대우가 다르다. 남들 다 전문대 가는데, 너는 졸업장이라도 땄으면 좋겠다". 그래서 전문대를 갔는데 이 일이 터지고 난 다음에 안 갔어요, 휴학계 내놓고. 지금은 공익 근무하고 있는데, 요즘에 약간 이야기를 하더라고, 복학할지를. 처음에는 안 다닌다고 했는데, 올 12월 달에 제대이긴 한데 [입대 후] 1년 지나고 난 다음에 복학 이야기를 하더라고. 그러니까 뭔가 마음의 변화가 있지 않나 생각하는데, 복학하면 저야 좋고, 안 한다고 하더래도 강요하지는 않을 생각이니까. 이왕이면 아빠 회사 다닐 때까지, 다닐 때 졸업을 했으면[하면] 부담이 덜 가지 않나, 그런 이야기를 하고 있죠. 다른 거는 없어요.

면담자　　　왜 처음에 안 간다고 하던가요? 휴학하는 이유를 말하던가요?

연화 아빠　　　자기는 춤하고 노래 쪽으로 관심이 있었어요. 그러니까 저는 애가 집에 와서 이야기는 해도, 집에 오면 어려서부터 혼난 저기가 있어서 그런가 몰라도 왈가닥이 아니에요. 내성적이에요, 집에 오면. 그런데 중학교 3학년 때인가? 졸업식 하는데 선글라스를 사달라고 하더라고요. 그래서 "무슨 선글라스? 얼마 하는데?" 그랬는데, 20만 원인가 30만 원인가 한대요. "야, 네가 그거 왜 필요한데?" 그랬더니만 졸업생하고 다음에 전교생 앞에서 노래를 부르기로 했대요. "야, 네가 노래할 줄 아냐?" 아들내미하고는 노래방을 안 가서, 노래를 한다고는 들었는데, 부모하고 갈라고 하면 안 가요, 노래방을. 조카애들끼리 지들끼리 모이면 가는데, 엄마 아빠 앞에서는 안 부르더라고. 그래 갖고 안 사줬죠. 그랬더니만 다른 거를 빌려갖고 했다고 하더라고. 졸업할 때 선생님한테 물어보니까 집에서는 내성적일지 몰라도 학교 나오면 완전히 저기래. 우리가 어렸을 때 날라리라고 하잖아요. 그 과래, 원래. "아, 그래요?" [했지요]. 그때서 처음 알았죠. 고등학교도 춤하고 이쪽으로 간다고 해갖고 경일로 간다고 하길래 우리는 인문계 쪽으로 이야기를 했는데, 그쪽으로 간다고 해서, "알았다"고, 그래서 인제 그쪽으로 간 거죠. 학원 안 다니면서 춤하고, 안산에서 하고, [그러다가] 서울로 [학원을] 다닌다고 해갖고 [지원해 줬는데], 서울로 다니다 보니까 힘든지, 학교 끝나고 갔다가 저녁에 또 늦게 오고 해야 되니까 힘든지 안 다니더라고. 거기서, 거기까지만 저기 한 거죠. 더 이상이야 자기가 지금도 다른 걸 한다고 하면 서포트해 줄 생각은 있는데, 더 이상 요구를 안 하니까.

면담자   그러면 입시 말고 사회 이야기는 보통 어디서 보셨어요? 뉴스나 신문이나.

연화 아빠   누구요?

면담자   아버님이 정치나 사회, 경제, 세상 돌아가는 이야기를 어디서 보셨나 해서요.

연화 아빠   거의 집에서 TV, 인터넷 그거지, 신문은 안 보고. TV나 인터넷으로 해서, 주로 그렇게 해서 요즘에는 핸드폰도 다른 건 일체 안 해요. 그냥 전화하고, 카카오톡이나 아니면 인터넷이나 그냥 검색하지 다른 건 쓰는 게 없어요.

면담자   시사에 관심이 있는 편이셨어요?

연화 아빠   별로. 그러니까 성격이 보수적이라고 했잖아요. 보수적이기 때문에 ≪조선일보≫, ≪조선일보≫ 아니지 조선, TV조선. 요즘에는 그거 나오지만 옛날에는 ≪중앙일보≫나 이거를, 인터넷 활성화 안 될 때는 그걸 봤어요. ≪중앙일보≫나 ≪조선일보≫나 신문을 보다가, 인터넷 나오고 나니까 인터넷으로 보고 그러니까 관심 있는 것들만 주로 보지, 다른 거는 특별나게 저기된 건 없었어요.

면담자   종교는 있으신가요?

연화 아빠   없어요. 저희 외가 쪽은 기독교 쪽이에요. 외삼촌이 교회 목사, 담임목사시고 외가 쪽은 다 기독교 집안인데, 저희 어머니만 그 집안에서 불교 쪽이에요. 시집이 불교니까 불교를 믿으신 거야. 그러니까 외갓집이 9남매인가 그런데 9남매 중에 엄마만 빼고 이거[기독교]야. 그런데 저희 집이 솔직히 잘 안됐어요. 그러니까 형편이, 좋은 형편이 아니었어요. 외가 쪽에서는 "거봐라" 이게 되어버린 거야. 어머니가 나이 드시고 혼자 계시고 그러니까 이모님이 기도하시는데 거기 가서 [기도를] 하시면서 개종이 되신 것 같더라고. 요즘에는 진실한 저기는 아닌데 조금씩 저기 하시고[교회를 다니시고]. 저희들은 종교가 없다 보니까 천주교를 한번 믿어 보려고 집사람하고 신혼 초에 천주교 교리를 배웠어요, 한 6개월 동안. 처음에는 쭉 믿다가 한 6개월 정도 됐는데 '과연 신이 있을까?' 의문점이 또다시 들더라고. 믿음이 부족한 거. 집사람하고 상의해서 "어떻게, 다닐래? 뭐 할래?" 그러니까는 안 다닌다고 그래서. 저는 성당을 몇 번은, 교회 말고 몇 번은 가본 적은 있어요. 그런데 기독교를 가버리면, 교회를 가면 혼란해, 혼란스러워 분위기

가. 천주교 그 성당을 가면 이게 [분위기가] 착 가라앉아요. 그래 갖고 천주교를 가려고 했었는데, 믿음이 저희가 안 돼서, 일단 포기했죠. 그래 갖고 무교예요 지금, 저랑 [집사람은].

면담자   연화나 아드님도 종교가 없었나요?

연화 아빠   애네들도 교회나 이런 데는 조금씩 다니기는 했는데, 어쩌다 한 번씩 가지. 어려서는 조금 다녔어요, 친구 따라서. 그런데 조금씩 커가면서 안 다니더라고. 애들도 똑같이 믿는 건 거의 없어요.

6
4·16 이전에 투표 여부, 참사 이후 바뀐 관점

면담자   참사 이전에 투표는 꼭 참여하시는 편이었나요?

연화 아빠   투표는 거의 해요. 집사람은 한 50 대 50.

면담자   할 때도 있고, 안 할 때도 있고요?

연화 아빠   저는 한 90퍼센트 거의 하는데.

면담자   투표 왜 하셨어요? 안 하는 분도 많잖아요.

연화 아빠   당연히 해야 되는 거 아니에요? 당연히 해야 되는 건데 제가 찍는 후보가 밀릴까 봐, 가서 관심 있으니까 찍어주죠. 어떤 때는 아들내미가 투표, 이번에 할 때는 다 데리고 가서 하고. 그리고 옛날에는 새누리당 쪽으로 했었는데 이거 터지고 난 다음에는……. 제가 군생활을 의경 했었거든요. 의경 했는데 1985, 그러니까 86년도, 87, 88년도 이때 데모가 한참 심할 때잖아요. 특히 86년도, 87년도가 가장 심할 때인데, 그때 의경생활을 했으니까 데모진압을 내 앞에서 했었었거든요. 화염병 쫓아가고 그런 것들이 눈으로 보고 그러는데, 자기네들이 주장하는 게 믿기지가 않았거든. 믿기지가 않았는데, 이 일이 터지고 나니까 생각이 바뀌더라고. 저기가 [새누리당 쪽이] 앞에서 이야기한 거하고, 이 사람들이[데모하는 사람들이] 이야기하고 행동하는 거하고, 실제 내가 믿었던 그 사람들이 하는 거가 '아, 이건 아니구나' [하고] 느꼈죠. 그러면서 자연스레 바뀌고 요즘에도 보수적인 사람들이 있는데, 얼마 전에 엊그저께도 업체 거래처하고 이야기를 하면서, 그쪽이 약간 보수적이고, 이야기하다 보니까 "당신도 한번 당해보면 알 것이다" 그렇게 이야기하고 그냥 딱 끊었는데, 당해보니까 달라지더라고. 지금 이렇게 [활동]하시는 분들, 대단하다고 저는 생각을 해요, 저는 그렇게 못하고 있으니까. 촛불집회도 마찬가지로 그런 거고.

면담자 구체적으로 어떻게 생각이 바뀌신 건가요?

연화 아빠 저는 어려서부터 국민교육헌장 요즘에도 나오잖아요. '나라의 발전이, 나의 발전이' 그거를 딸딸딸 외우던 저기였어요. 삼촌한테 안 하면, 외삼촌한테 조카애들 딱 세워놓고 그걸 다 외우라고 저기를 해요, 못 외우면 맞아. 그렇게 하고선 딸딸딸 외

왔었거든요. 그런데(한숨) 뭐라고 해야 되나, 그렇게 배우고 학교에서는 공산당이 싫어요, 이승복 어린이 그 이야기를 하고 딱 왔는데… 과연 이런 이야기하면 '좌파 종북'이라는 소리를 할까 봐 이야기를 잘 안 꺼내는데, 식구들끼리만 이야기하는 거예요. "과연 북한이 나한테 잘못한 게 뭐 있냐, 내가 살아오면서 인제까지". 그동안에 자유의 억압이 있었는지 뭐 했는지 나는 못 느끼고 살아왔으니까. 당연히 우리나라가 좋다라고 생각하고 왔었는데, 이 일 터지고 나니까 이 정부에서 지금 하는 행태나 이것들이 나한테 직접적인 피해가 온 거잖아요. 딸내미가 죽었잖아. 그런데 자기네들은 모르쇠로 지금 하는 거고, 책임 회피를 하는 거 아니에요. 그렇다 보니까는 내가 딱 와가지고 과연 내가 '종북'이라고 할 정도로 사고방식이 탁 틀어져 버린 거야, 내가. 북한을 찬양하는 건 아니지만 이 사람들이 이야기하는 것 못 믿고. 이 사람들이 말마따나 행동하는, 그 보수들의 그 행동하는 그 자체가 다 거짓말로 보이는 거야. 그렇다 보니까 사고방식에서 요번에 투표에서도 4·3, 그 4·13총선인가? 아니야, 그 세월호 이거 있고 난 다음에 갑자기 생각이 안 나네, 도지사 선거[2014년 6·4지방선거]하고 보궐선거 있었잖아요. 그거 할 때 저는 저기를 찍었어요, 남경필 지사를. 여기는 새누리당 쪽이잖아, 그때까지만 해도. 뭔가 바뀌겠지 이거를[생각을] 했었어요. 저도 박근혜 대통령을 제 손으로 찍었고.

근데 그 이후에 말 바뀌고 하면서 '야, 이거 아닌갑다' 해갖고 국회 선거니 뭐니 이런 것들을 식구들이랑은 다 가서, 애들 외삼촌이나 우리 쪽 데리고 가서 어떻게 보면 야당 쪽을 다 찍었죠. 식구들이나 이런 쪽으로는 그쪽으로[야당 쪽으로] 유도를 또 많이 하고. '야, 이거는 내가 겪어보니까 아니더라' 그래 가지고 애들도 저기를 하고 식구들도 이러고. 일단 사고방식에서 많이 바뀐 것 같아요. 뭔가, 지금에서야 뭔가 깨친 것 같애. 눈에 씌었다가 이게 벗겨지지 않았나 그런…, 그래요.

7
수학여행 전날과 당일 상황

면담자　　　수학여행 떠났던 당일과 전날 이야기를 여쭤보려고 해요. 혹시 전에 수학여행 관련해서 들으신 이야기가 있었나요? 그때 배랑 비행기 고르는 것도 있었고, 여러 가지 안내문이 나갔잖아요.

연화 아빠　　　예. 그 안내문[에 사인] 했는데 정확하게 기억은 안 나요. 배 타고 간다고 그래 가지고 그냥 학교 재량이지, 그거 우리가 부모가 굳이 이거 가야 된다, 저거 가야 된다, 할 게 없어서 딸내미가 원하는 대로 그냥 해줬지.

면담자　　　따님은?

연화 아빠　　　배로 해줬나, 비행기로 해줬나, 정확히 기억은 안 나요. 근데 전날은 기억이 나요, 전날은. 딸내미가 고 전에 원래 안 가려고 했었거든, 수학여행을.

면담자   왜요?

연화 아빠   친구들이 몇 명이 안 갔거든. 그리고 제주도를 저하
고 갔다 왔잖아요, 그래서 안 간다고 했어. 그런데 수학여행이, 저
도 그렇지만 고등학교에서 추억으로는 수학여행밖[에], 수학여행이
가장 많이 나오니까, 그래도 갔다 와라 해갖고 안 간다는 걸 억지
로 신청을 한 거야. 신청은 했는데 가기 전날 꿈을 꿨어요, 애가 물
속에서….

면담자   누가 꿈을 꿨나요?

연화 아빠   제가. 그래 갖고 물속에서 허우적대는 꿈을 꿨어요.
근데 개꿈이겠지 [했어]. 그거 뭘 별로 신경을 안 썼으니까. 아침에
이야기를 할까 말까, 보내지 말까도 생각을 했었어요. 근데 그 전
에 내가 내뱉어 놓은 말이 있으니까, “가라” 그래 갖고 잘 갔다 오
라고 인사하고 갔는데, 저녁때 배가 출항을 못 하니, 하니 해가지
고 “그래, 너 그러면 와라. 뭐 하고 있냐. 선생님한테 이야기하고
와라” 그래서 8시인가, 9시인가 돼가지고 그때까지 자기 안 되면
온다고 그러더라고요. 알았다 하고 있는데 출발했다고 하더라고.
그게 가장 후회스러워요, 말릴걸. 저 같은 경우는 어떻게 보면 직
감, 느낌이 필이 딱 왔을 때는 거의 99퍼센트 맞아요. 근데 그 꿈은
그냥 꿈일 뿐이지 직감이라는 필이 온 게 아니거든. 그래 가지고
그걸 단호하게 거절을 못 했는데, 그게 지금 후회스럽죠. 그게 가

장… 말릴걸. 다음에 친구들, 지금 안 간 친구들은 살아 있으니까. 가장 후회스러운 생각이 들어요.

면담자   가기 전에 수학여행을 위해 뭘 사주시거나 용돈을 주시기도 하셨어요?

연화 아빠   용돈은 지 엄마가 줬을 테고, 제가 별도로 한 5만 원 정도? 어차피 거기 가가지고 많이 쓸 건 아니니까, 그렇게 해서 그냥 주고, 그렇게 하고. 어차피 많이 이렇게 쓰는 스타일이 아니니까 옷도 지 오빠 거 갖고 가고. 옷을 아들내미는 비싼 거 위주로 사는데, 딸내미는 싼 거 위주로 사요. 그러니까 만약에 20만 원이라고 하면, 아들내미는 20만 원짜리 한 벌을 딱 사. 딸내미는 20만 원 가지고 3벌, 4벌, 5벌을 사요, 비싼 걸 안 사. 그냥 여기 안산 종합시장이나 이런 데 가가지고 자기 맞는 옷으로. 그러니까 아들내미가 그러지, 딸내미는 5벌, 3벌 사주고, 자기는 한 벌 사준다고. 근데 금액으로 따지면 아들내미가 더 비싸거든. 그거지 뭐, 잘해줬어야 되는데, 또 그런 면에서는 부족한 게 있는 것 같고.

면담자   사고 당일에는 언제, 어떻게 처음 소식을 접했나요?

연화 아빠   당일 날은 이야기하고 싶지가 않은데… 아침에 출근을 했는데, 보통 제가 집사람한테 듣기로는 아침, 여기서 저녁에 출발하면 아침 6시인가, 7시쯤에 닿는다고 알고 있었거든요. 조회를 8시 반 정도에 하는데, 그때까지도 연락이 없는 거예요. 그런데 8시 50분인가 40 몇 분인가 전화가 온 거야.

면담자   누구한테요?

연화 아빠   딸내미한테서요. 배가 안 가고 그냥 서 있다는 거야.
그냥 서 있대. 그러니까 나는 지금 여기서 방송에서 나온 거니까
'아, 그런가 보다'. 그런데 왜 이게 갑자기, 이 시간을 내가 정확히
알아야 되는데 뉴스를 안 들으니까 정확한 시간대를 내가 계산을
안 해봤어요. 그런데 딸내미가 저기 한 거하고 전화 통화하고 내가
저기 한 거하고 매칭이 안 돼, 시간대가 약간. 그래 갖고 "그러냐"
그러고 있다가 조금 있는데, 배가 침몰한다는 이야기가 있더라고.
"너 구명조끼 입었냐?" 그러니까 안 입었대, 아직 그거를. "그러면
너 선생님들하고 같이 모여 있어라. 친구들하고 단체 행동해야지,
너 혼자 저기 하면 안 된다" 그랬거든. 그랬더니 알았다 하더라고.
그런데 나중에 통화할 때 이걸[구명조끼를] 입었대.

면담자   끊었다가 다시 통화하셨어요?

연화 아빠   네, 또다시. 그래 갖고 입었는데 그때 9시 다 됐나?
딸내미한테는 침몰한다는 이야기를 들었는데, 인터넷에서는 안 뜬
거야. 그런데 9시, 9시 거의 다 됐나, 인터넷에 떴다고 우리 직원이
그러더라고. 뭐야, 내가 "배가 침몰한다는데 그 큰 배가 바로 침몰
하겠냐" 그랬는데 "침몰하는 거 없다는데?" 그러드만, 그 중간 사이
에 떴더라고. "어휴 클 났네" 하고서는 집사람이 회사를 다녔으니
까 거기에다가 연락을 하니까 어차피 거기도 전화를 못, 같은 제약
회사라 그쪽도 전화 통화가 안 되기 때문에 아는 사람한테 전해줘

라 하고서는, 가는 사이에 문자메시지 오고, 뭐 하고 이게 된 거야. 그때 마지막 통화를 못 했어. 집사람이 헐레벌떡 정신이 없어서, 집사람 태워가지고 내려간다는 그사이에 통화를 못 한 거야.

면담자   연화한테 전화가 왔어요?

연화 아빠   문자가 딱 왔는데 그 문자를 못 들은[본] 거야, 내가 정신이 없어서. 그때 했었으면, 그때 했었으면 빨리 나오라고 뭐라고 했었을 텐데 그거를 집사람한테 차 타고 이동하는 사이에 전화를 못 한 거야. 문자로만 저기를 하고. 마지막에 "아빠, 살려줘. 나 죽어" 지금 문자가 딱 있는데, 지우지를 못하고 그냥 있는데. "나, 죽어"까지 있나? 하여튼 "아빠, 살려줘"가 마지막 문자인가 뭔가 있어요. 냅두고 있는데 안 봐요. 그래 가지고 와… 방송을, 세월호 배 침몰하는 거 이런 거 나오는 건 안 봐 아예. 그러고 만약에 촛불[집회]나 이런 데 가면 배 영상 이런 거 나오면 아예 안 보고 그냥 나와. 그러니까 기억저장소하고, 또 이쪽에 있는 것도 기억저장소인거 같은데… 여기 뭐야, 와동[고잔동], 단원고 앞에 거기 교회 2층에, 2층[3층 기억전시관]에 들어가면 그쪽에 있는데.

면담자   네, 맞아요.

연화 아빠   거기도 가가지고 했는데 이거 씌우고 할 때['기억등'에 아이 물건 넣고 뚜껑 씌우고 할 때] 딸내미 생각나 가지고 "에이" 하고 그냥 나와버렸어요. 이야기하는 것 자체가, 그 문구하고 마지막 그 딸내미가 한 것 때문에 참 (헛웃음) 정말 이야기를 안 하려고 하는데. 그래 갖고 그 당일 이야기는…(울음). 네, 그렇게 돼요. 당일 이야기는 최대한 생각을 안 하려고(울음).

8
진도체육관에서 경험한 일, 당일 이후 상황

면담자　　　소식 듣고 처음에 단원고로 가셨나요?

연화 아빠　　아니요. 저는 진도로 그냥 집사람 태우자마자 바로 저기 했어요. 배가 기울고 있다는 그게 방송에 나오더라고. 그런데 통화가 안 되니까, 딸내미하고 통화가 안 되니까 형님하고 통화를 했는데, 형님이 해병대 출신이니까 배 타고 뭐 하고 그러는데, "야. 배가 몇 도 이상 기울면 못 빠져나와. 지금 못 나왔으면 못 나왔을 거다" 그러더라고. 그래 갖고 진도로 빨리 내려가자 그래 갖고 진도로 내려갔죠. 형님은 형님대로 밑에서 내려가고, 저는 여기 처갓집 식구가 근처에 있어 가지고 처갓집 식구들하고 같이 해서 제가 운전할 수가 없으니까 내려갔죠.

면담자　　　체육관으로 내려가신 거예요?

연화 아빠　　네. 와동체육, 와동체육관이 아니라 팽, 진도체육관으로 갔는데, 애들 거의 아마 학부모 저기로는 아마 거의 가장 빨리…인지는 몰라도 가장 빨리 저기[도착] 했을 거예요, 아마.

면담자　　　혹시 몇 시쯤인지 기억나세요?

연화 아빠	1시.

면담자   무척 빨리 내려가셨네요.

연화 아빠   네. 그때 도착했는데 어디가 어딘지 몰라가지고 물어보니까 딸내미는 나왔다고 이야기가 많이 돌더라고요.

면담자   누가 그러던가요?

연화 아빠   주위에 누구 물어보고 그다음에 거기 학생들이 또 있으니까. 나중에 저는 체육관 안에는 안 들어갔는데, 집사람이나 동서나 처형들이 다니면서 물어보니까 연화는 나온 것 같다고, 내 뒤에 있었던 걸로 알고 있다고 그래 가지고 나왔는지 알았지. 나왔는데 거기에는 없으니까, 거기에는 저는 인원을 세보지는 않았는데 한 70명 정도가 있었다고 하더라고. 그런데 150명 정도가 온다고 그래 가지고, 지금 배 타고 오는 중이라고 해가지고, 그러면 그 안에 있거니 하고 다들 기다리고 있었는데 경찰관이나 담당자한테 물어보면 지금 오고 있다, 오고 있다. 이쪽 진도로 올라오고 있었는데, 목포로 간다, 뭐 한다 계속 말이 바뀌는 거야, 그 안에서. 물어보는 사람마다 다르고. 그래 갖고 나중에는 끝내는 "더 이상 생존자가 없다"[고 이야기를 들은 것이] 그게 저녁때인가….

면담자   당일 저녁에요?

연화 아빠   5시인가, 6시인가 그쯤에 그 이야기를 전해 들었죠. 그러니까 나름대로도 희망을 갖고 있었으니까. 왜 그러냐면 배가 뒤집어진 상태로 봐갖고는 뒤에 아직, 그때인지는 모르겠지만 공기는 차 있을 테니까. 그런데 바닷물이 차서 희망은 가지고 있었지만, 희망은 있지만 현실적으로 생각을 하면 '살았겠나…'라는 생각은 하고 있었죠, 물론. 그런데 들리는 소문이나 이런 걸로는 우리 연화는 살아 있다고 그러니까, 거기에서 유언비어에도 연화 살아 있다고 돌았었으니까, 그래 가지고 혹시나, 혹시나 하고 있었죠. 그때 정황은 다른 거 생각할 저기가 없어 가지고. 그렇게 하루 이틀 그냥 지나갔던 거 같애. 지나가고…….

면담자   처음 도착했을 때 상황이 어땠어요?

연화 아빠   거기 경찰관들, 소방관들 천막. 그때 천막은 아니고 차들, 차량들 몇 대 이렇게 와 있었고, 그다음에 팽도 그 뭐야 진도 주민들이나 이쪽에서 와가지고 물이나 이런 것들을 나눠주고 그때 할 시점이에요. 그러다 보니까 그렇게 저기 하지 않았던 것 같아요. 저는 돌아다니고 이런 저기가 아니고, 그냥 차에서 바깥에서 앉아서 주로 있었고, 집사람이나 저나 앉아 있고 그냥 있었고, 필요할 때마다 중간중간 가서 몇 마디 물어보고. 동서나, 아까 이야기했지만 처형이나, 돌아다니면서 물어보고 오면 같이 이야기하고 그런 상황이었죠, 다른 저기는 없었어요. 그 사람들은 시간 지나니까 늦게 버스로 오는 사람들이 있고, 바쁘기도 하고. 그리고 각 지역에서 일가친척들 모이고, 그런 상황이었죠.

면담자   내려가서 계속 거기 계셨어요?

연화 아빠 　　22일 날 딸내미 올라올 때까지 거의 계속 있었고. 그러고 저 같은 경우는 그나마 나름대로 [아이가] 일찍 올라온 편이니까. 거기 계셨던 분들한테는 올라올 때 상당히 미안했죠.

면담자 　　왜 미안해하…….

연화 아빠 　　같은, 그때는 유가족이라는 표현을 안 했지만, 실종단계였으니까. 거기 있는 사람들이 대부분 다 그랬을 거야. 먼저 애들이 수습이 돼가지고 확인하고 올라오는 사람들은 남아 있는 사람들한테 다들 미안해했어요, 먼저 올라오니까. 저도 똑같고. 저도 짧은 시일 내에 올라왔으니까 미지, 우리 반 미지 아버님 같은 경우는 상당히 많이 늦어졌잖아요. 지금 다른 분 9명 있지만 1반, 저희 1반으로 따지면 은화 어머님, 아버님 아직도 그쪽에 계시잖아요. 그분들한테도 지금도 어떻게 서포트해 드리거나 이렇게 할 수는 없지만, 상당히 미안한 감정을 갖고 있어요. 저는 어차피 그분들은 딸내미나 애들, 모든 것을 다 접어놓고 거기 가 계시지만, 저는 또 말마따나 살아 있으니까 먹고살겠다고 직장 다니는 거잖아요. 그러니까 그런 부분에서 미안한 감정이 제가… 이게 뭔가 씻어지지는 않을 거 같애. 다른 데도 인터뷰할 때도 그랬지만, 마찬가지였지만, 울화가 이게 막 이렇게 차올라요. 차올라 오고, 회사에서도 혼자 아무도 없을 때 욕하고. 그런 것들이 그때서부터 계속 쌓아오는, 그때서부터 누구 붙들고 이야기할 게 아니니까 혼자 그냥 생각하면서 내뱉고. 그렇게 하는 말이 계속 그게 있는 것 같아요, 트라우마, 요즘에는 안 다니지만 예전에 이쪽에 있을 때는 여기 와서 상담도 하고.

면담자   온마음센터요?

연화 아빠   네, 온마음센터. 그런데 온마음센터도 허리 이거 하기[아프기] 전에는 그래도 거기 가서 했는데, 처음에는 의사 선생님이 안 계신 줄 알고 그거[상담]를 못 했거든요. 나중에 알고 했는데 몸이나 이런 것들이 시원찮으니까 거기도 지금 못 다니고 있죠. 최근에는 바쁘고, 집사람이 요즘에 조금 나가는 것 같더라고.

면담자   진도에 계실 때 경험한 일 중에 기억나는 거 있으세요?

연화 아빠   그때는 당연히 그냥 믿고 있었죠.

면담자   아, 믿고 계셨어요?

연화 아빠   네. 말은 이 사람 저 사람, 이렇게 해군에서 하는 거 하고 해군[해경]에서 와서 하는 이야기가 달라요. 해군에서는 해경이나 다른 데 쪽을 약간 안 좋은 쪽으로 이야기를 해, 자기들 말이 맞는 것처럼. 해경 애들은 또 해경 애들이 자기들이 주체가 되다보니까 자기들 강조를 하고. 그다음에 또 일부 민간단체 있잖아요. 말이 다 달라요. 그러니까 '아, 그런갑다. 그런갑다' 하고 그때까지는 '어떻게 정부에서 뭔가 해주겠지' 뭐라도. 대통령이 왔다 그랬었죠? 남경필 지사가 저희 옆에 계신 분하고 이렇게 대화를 해요. 우리 옆에 계셨어요, 그 양반이. 오시면 그 옆에 와서 주로 있었어요,

여기 안산에 박순자 국회의원분하고. 근데 이분들 오고, 여당 오고 그러니까 뭔가 될 줄 알고 그랬기 때문에. 그때는 어차피 일은 됐고 수습이 빨리, 전체적으로 수습이 빨리 됐으면 좋겠다는 마음을 갖고 있었기 때문에, 그거에 대해서는 크게 기억나는 것도 그렇게 별로 없고 저기 하지는 않았어요.

면담자　　　상황실에 들어가 보셨나요? 듣기 위해 직접 들어가신 분도 계시다고 하던데요.

연화 아빠　　　체육관 안에서 현재 진행 상황이나 이런 것들은 들었죠. 배가 몇 척이 왔고, 지금 상태가 어떻고, 이런 거는 들었죠. 왜? 체육관 안에 있으니까. 그런 거는 들었는데, 외적으로 지금 활동하시는 분들은 저나 저보다는 워낙 많이 사람들을 접하면서 이야기를 하고 이쪽저쪽 뛰어다니고 그랬으니까 많이 아셨을 텐데, 저는 그런 쪽에서 안 다녔기 때문에 그런 쪽에 대해서는 잘 몰라요.

면담자　　　혹시 브리핑 내용 중에 기억나는 게 있으세요?

연화 아빠　　　특별나게 그런…… 언딘 업체 와가지고 어떻게 할 거고 이런 이야기를 하기는 했는데, 정확하게는 기억이 안 나요. 그런 걸 관심 있게 안 봐서.

면담자　　　그러면 대통령 왔을 때는 기억나세요?

연화 아빠　　　왔는데, 저는 안 봤어요. 그냥 나갔어.

면담자　　　왜요?

연화 아빠   거기가, 거기 가갖고 뭘 하겠다고. '아, 대통령 오시면 오셨다가 뭔가 상황 파악하고 가시겠지, 뭔가 결과를 내놓으시겠지' 그거 때문에 거기 가갖고 앞에 가갖고 그런 거는 할 필요가 없어서. 성격이 보수적이라, 그때까지만 해도 그냥 당연히 알아서 해줄 줄 알고 신경 안 썼죠. 그리고 저는 지금도 여기 카메라 있지만, 카메라나 사진 찍는 걸 별로 안 좋아해요. 어디를 놀러 다녀도 사진은 잘 안 찍어요. 그러다 보니까 그런 거에 방송 나오고 하는 걸 별로 안 좋아해서, 그냥 그런 거 오면 나가고 그래서 별로 그거에 대해서는 저기 된 게 없어요.

면담자   기자들이나 이런 분들 돌아다니는 거 보셨어요?

연화 아빠   기자들 많이 돌아다녔죠. 기자들 많이 돌아다니고, 그때 있었던 거는 YTN, 그다음에 여러 또 방송들 있잖아요. 방송이 실제하고 다르다 그래 갖고 거기 체육관에 있던 분들하고 방송 저기[기자]하고 시끄럽게 붙고 싸움 나고 한 적도 있었어요, 쫓아내고. 근데 사실하고 [다른] 오보라고 하는데, 저는 들은 이야기가 없으니까 오보야? 이걸 파악이 안 된 거죠. '아, 너무 극성맞네. 그냥 적당히 하지' 이런 저기[생각]를 해가지고 모르겠어요. 막 쫓아다니고 그렇게… 기자들은 일부는 도망가고 카메라 부서지고, 유가족들 중에 일부는 진짜 그 정도였었으니까. 왜 그랬는지는 몰라요, 정확하게.

면담자   가족 회의랑 반별 회의가 계속 있었잖아요, 거기에는 참석하셨나요?

연화 아빠   네. 거기서는 제가 반별 회의 모임 총무를 하고 있었기 때문에, 제가 모임 같은 거 하면 나눠주고 저기를 모집하고 설명 드리고, 그거를 했었으니까. 했는데 기억 안 나요, 뭘 했는지(웃음). 거기에서 모임 생각나는 게 그거가 있었어요. 이거를 수습을, 전체를 수습할 때까지 팽목에 그냥 안치를 하느냐, 아니면 수습되는 대로 먼저 올라가느냐 그 이야기는 있었죠. 그런데 그 이야기를 했을 때 다들 먼저 수습한 사람이 가면 남아 있는 사람, 마지막에 남아 있는 사람들은 그럼 어떡할 거냐. 현실적으로 거기다가 어떻게 해놓을…, 언제까지가 될지 모르니까는 힘들잖아요. 이게 언제까지라는 게, 그러다 보니까 그냥 올라오는 걸로 저기 했죠.

면담자   대략 언제쯤 그런 논의가 나왔나요?

연화 아빠   그게 정확하게 기억은 안 나는데, 그게 한 19일이나 수습 막 올라오기 그 전이니까 한 18일이나 이 정도 됐을 것 같은데, 일부는 어차피 수습은 됐었잖아요. 그러니까 본격적으로 이거를 하기 고 전에 그때에 이야기가 나왔던 걸로 알고 있거든요. 그렇게 해서 나오고 저희들이 22일 날 올라오고. 보통 21일, 22일 때 저희 반 쪽에서 많이 나왔, 올라왔어요. 19일이나 18일서부터 아마 올라오기, 애들이 수습이 됐을 거라고. 본격적인 거는 아마 20일서부터 주로 많이 올라, 수습이 됐을 거예요. 저희가 110번째로, 110번째인가?

면담자　　　111번째 아닌가요?

연화 아빠　　　111번인가 110번쩬가로 올라왔거든요. 수습이 됐는데, 그때에 80 몇 번 70 몇 번인가도 그날에 다 올라왔을 거예요. 아마 19일 날이나 이때서 20일 날서부터 본격적으로 수습이 됐을 거라고. 그래서 그때 전이고, 그다음에 추모공원 어디로 할 거냐, 하늘공원 추모공원 지금 와동 쪽에 그쪽, 어느 쪽으로 할 거냐 해 갖고 이쪽 추모공원이 더 맞지 않느냐 이런 이야기하고 그랬었어요. 그런 이야기 주로 많이 했었지, 다른 거는….

면담자　　　총무는 처음에 어떻게 하게 되신 거예요?

연화 아빠　　　그때 반별로 대표를 해서, 대표들이 와가지고 대표들끼리 가족 회의 한 거를 갖다가 전달해 주는 식으로 됐었던 거로 알고 있거든요. 그래 가지고 다 모이라 해가지고 반별로 다 모였죠. 거기에서 소영 아빠가 많이 체육관 안에서 왔다 갔다 했거든. 그래 갖고 그럼 하시라고 하고, 또 제가 연락을 우연찮게, 제가 모이는 거를 연락을 취하다 보니까 자연스레 제가 모여가지고 했죠, 총무를. 그래 갖고 팽목하고 이쪽하고 왔다 갔다 할 때까지는 제가 하고, 여기 올라와서는 다른 분한테….

면담자　　　처음에 모일 때 구분이 잘 안 돼서 명찰을 만들었다고 하던데, 어떻게 만드시게 된 건가요?

연화 아빠　　　그때 저거예요, 누구 아빠, 2학년 1반 누구 아빠. 이런 식으로 아마 해줬던 걸로 알고 있어요. 왜 그러냐면 저도 그거를 해준 이유가 정확하지는 않은데, 일명 이 중간에 그 끼[는], 저기 하는 애들 있잖아요, 농간 부리는 애들. 그런 애들이 있다는 이야기가 있어 가지고 그걸 했던 걸로 알고 있어요. 그다음에 누가 누군지 모르니까 표찰이 있는 사람들만 모여 있고 그런 식으로 하기로 했죠. 워낙 유언비어도 많고, 농간질하는 사람도 [있고]. 아까 그것도 농간질하고 똑같은 거 아니에요. 해군 와가지고 이상한 이야기하고, 해경 와갖고 이상한 이야기하고, 또 누구 알지도 못하는데 와갖고 이야기하고. 다 다르니까, 누가 옳은지 모르니까 전체 모여가지고 그렇게 했던 것 같아요.

면담자   해군이나 해경이 한 말 중에 기억나시는 게 있을까요?

연화 아빠   이건 한참 지난 다음에 이야긴데, 미지 수습되기 전에 진도를 내려가서, 진도 수습이 워낙 안 되니까, 그래 갖고 반에서 저희도, 반에서 서포트하러 내려갔어요. 그쪽에 팽목항 쪽에 있었거든요. 거기가 진도체육관에서 브리핑, 아니 진도체육관이 아니라 진도군청에서 브리핑을 한다고 하더라고요. 걔네들이 브리핑을 하는데 그 뭐야 이주영, 이주영 장관인가요? 하는데 저는 그 하는 것 처음 봤어요. 여기에서 나와갖고 브리핑하고 회의를 한다는, 브리핑이라는 건 우리한테 브리핑하는 게 아니고, 그 인양 수습에 대해서 회의를 하는데, 누구는 인원 몇 명, 무슨 배 몇 척, 날씨 어떻고 이거만 하는 거예요. 너무 황당한 거야, 제가 보는 견지에서는. 그래 갖고 회의 끝나고 그 사람들 있는 데서 무슨 회의가 이러냐. 이게 원론적인 이야기만 하는 거잖아요. 발표식이야, 그니까. 다 나는 기상청이다 그러면 기상청에서 오늘 날씨 어떻고, 해군에서 오늘, 아 해경에서 오늘 인원 몇 명 투입하고, 배 몇 척 투입하고, 해군에서는 뭐라고 하고. 진도군청에서는 물이 얼마, 몇 박스 이런 것들만 하는 거야, 쓸데없는 이야기. 수습 이야기는 안 하고. 그래 갖고 "무슨 회의가 이러냐. 아니 일반 기업체도, 만약에 어떤 일이 벌어지면 원인 파악을 하고, 이거에 대해서 개선 검토를 하고 대책을 세워가지고 그거에 따른 진행 상황을 체크해야 되는 것 아니냐, 무슨 회의가 이러냐" [하고 한마디 했죠].

  "지금 인원수 파악하기 위해서 회의를 하는 것 같으면, 해군에서는 A안이 좋다고 하고, 지금 우리한테 와가지고 해경은 B안이 좋다고 하고, 그다음에 민간 업체는 C안이 좋다고 하는데 그러면 당신들 생각은 뭐냐. 우리 같으면 우리 회사 같으면, 나 같으면 A안, B안, C안을 놓고 A안의 장단점, 소요 기간, 비용은 얼만큼 더 들어갈 거고, B안은 어떻고, C안은 어떻고, 그러면 유가족 거기 남아 계신 분들이나 아니면 유가족 중에 다 설명을 해서, 누군가가 설명을 해서 유가족 측면에서는 어떤 방법이 가장 낫겠다라고 서로 협의해 가지고 결정이 나면 그 방법으로 하는 게 좋지 않겠냐. 근데 그거를 해경에서 와서 따로 또 하고, 이걸 갖고 유가족들을 헷갈리게 하고 그러면 누가 결정해 주냐. 그래 놓고 나중에 핑계 대는 게 '유가족들이 결정 못 내려서' 이런 식으로 이야기를 하는데, 장관님 같으면 그게 되겠냐. 왜 여기에서 유가족들한테 브리핑 내용을 안 하냐, 그 해결책에 대해서". 그랬더만 "여기는 단순 브리핑이고 나중에 유가족들 분들한테는 별도로 설명을 드리겠습니다" 그러더라고. 언제 할 거냐고 그러니까 "바로 하겠습니다" 그러는 거야. 그러면 해봐라 그랬더만, 별개로 하겠다고 해갖고 그 옆에 가갖고 배 선체 놓고, 3층이나 4층 애들 있는 수색 팀이 있는 부분을 잘라내야 되는데 잘라내는 거를 어떤 식으로 잘라냈으면 좋겠다. 그러기에 얼마나 걸리냐 그래 갖고 A, B, C안 얘기 듣고 하고 해서 그걸 해가지고 울산에선가, 어딘가에서 그 팀이 88[88수중]팀인가 무슨 팀인가 와가지고 그거를 하겠다고 하더라고. 그래 갖고 그렇게 딱 결정하고 올라왔죠. 그게 가장 회의하면서 저기 했던 것 같애. 너무 답답한 거 같애. 처음 들어가 봤는데, 일반 기업체 같았으면 이미 배 다 올라왔을 텐데, 얘네들 하는 것이 너무 느려 터지고 안일하고 그런 것 같더라고요.

면담자   아이를 만나기까지 상황하고 느낌, 그러니까 아버님께서 어떤 생각을 하면서 기다리셨는지 말씀해 주실 수 있을까요?

연화 아빠   그냥 뭐라고 해야 되나, 머릿속이 생각으로는 머릿속은 깔끔해, 텅 비었다고 봐야 돼. 아무런… 아까 그랬잖아. 희망은 갖고 있는데, 현실은 그렇지 않다 보니까 머릿속으로는 놔버린 거야. 그러니까 어떻게 보면, 수술 안 해보셨죠? 저는 수술을 이번 것까지 해서 여섯 번 수술을 했는데, 수술 딱 들어가기 전에 겁이

상당히 많이 나요, 들어가면 어떻게 될지 모르니까. 그런데 딱 수술대에 올라가 보면 깔끔해. 아무 생각이 없어. 왜냐면 편안해. 그 상태였어요. 다른 게 없었어. 생각, 이거 뭔가를 어떻게 굴리고 이런 저기가 없이 머릿속이 그냥 깔끔해요. 다른 표현할 게 없어.

면담자　　　아무 생각도 안 나는 상태인 건가요?

연화 아빠　　근데 중간중간에 그러죠. 그러니까 얘기하는 거가 약간 오해가 있을 수가 있는데, 머릿속이 깔끔한 것하고 [다르게], 혼자 이렇게 있다가 울화 나갖고 "에이씨" 하고 "우씨" 욕하고 하는 거는 그런 것들은 있죠. 나름대로 이게 차올라 올 때가 있으니까. 그게 막 계속 차오르다가 뭔가 딱 들어오면 그때 팍 올라와 갖고 내뱉고 하는 그런 게 있어서 그렇지, 머릿속이 깔끔했어요. 저기 하나 없이.

면담자　　　계속 어머님하고 함께 기다리셨어요?

연화 아빠　　그렇죠. 우리 집사람하고 떨어질래야 떨어질 수가 없잖아, 항상 같이 있고.

면담자　　　연화 오빠도 내려갔나요?

연화 아빠　　오빠도 거기 같이 있었고.

면담자　　　계속 같이 있었어요?

연화 아빠　　네, 거기 계속 같이 있었어요. 거기 있고 올라올 때 같이 올라왔으니까.

면담자　　　연화가 나온 날에 대해서 설명해 주실 수 있을까요?

연화 아빠　　연화가 나왔을 때 그 앞에 80 몇 번엔가 이렇게 딱 떴는데, 딸 같기도 하고….

면담자　　　인상착의만 나오던가요?

연화 아빠　　인상착의도 이렇게 옷 입은 거하고 나오고 딸 같긴 한데, 비슷한데 뭔가 한쪽 구석은 아닌 것 같애. 근데 딸내미 딱 떴는데 '아, 딸내미구나', 볼 것도 없이 그냥 저기를 했죠. 딸내미인 것 같다고.

면담자　　　이름 없이 인상착의만 나왔나요?

연화 아빠　　네, 나왔는데 그게 아들내미 옷이야, 옷이. 그러니까 그 저기 인상착의들 나온 것들이 딸내미인 것 같애 갖고 바로 갔죠. 저는 집사람하고 떨어져 있었거든요. 저는 회의 중에 있었고, 그 가족[회의], 저기 딸내미는, 아니 집사람은 떨어져 있었는데, 똑같이 느낀 거야. 그래 갖고 가갖고 유전자 검사하고 그렇게 하고 형하고, 그 처형하고는 저희들이 확인하고 가려고 했거든요. 근데 오지 말라고 하더라고, 딸내미 얼굴 보는 거 아니라고. 우리 저희들은 안 가고, 형님하고 처형이 가갖고 확인하고 맞다고, 그래 갖고 한국병원인가? 목포? 거기 와가지고 유전자 검사 최종 하고. 그 검사하고 받아갖고 올라올 때도 육안으로 확인, 검사할 때도 안 봤어요. 그때도 형님하고 처형이 들어가서 최종 확인하고. 그러고 앰

뷸런스에 처형하고 처남이 타가지고 올라오고, 저희들은 별도로 올라오고. 그렇게 해갖고 딸내미 얼굴 마지막 못 본 게 솔직히 지금에 와서 후회되는데, 딸내미 얼굴을 제대로 못 봤어. 여기 염할 때도 못 보겠더라고. 다른 사람들은 얼굴 부비고 하고 했다는데, 못 보겠더라고(울음).

면담자　　왜 못 보겠던가요?

연화 아빠　　미안해서(헛웃음)(울음).

면담자　　처음 왔을 때 어떤 생각이 드셨어요? 연화라는 걸 처음 알았을 때, 인상착의 보고 찾았을 때 생각이나 느낌이요.

연화 아빠　　그러니까 '내 딸이구나. 내 딸아' 그러니까 '내 딸 왔구나. 그래도 빨리 와줘서 고맙다' 그런 적이 있죠. '고맙다'. 이런 표현도 지금 이야기하니까 고맙다라는 저기지, '아, 내 딸이구나' 그 느낌. 따로 달리 저기 할 것도 없고.

면담자　　어려운 이야기인데 끝까지 말씀해 주셔서 감사합니다. 그럼 오늘 여기까지 하겠습니다.

2회차

2017년 1월 20일

1
시작 인사말

면담자　　　본 구술증언은 4·16 사건에 대한 참여자들의 경험과 기억을 기록으로 남김으로써 이후 진상 규명 및 역사 기술에 기여하고자 합니다. 지금부터 이종해 씨의 증언을 시작하겠습니다. 오늘은 2017년 1월 20일이며, 장소는 정부합동분향소 내 불교방입니다. 면담자는 박여리이며, 촬영자는 김솔입니다.

2
장례 과정 및 그 이후

면담자　　　지난주에 저희가 못 여쭤본 게 있어요. 연화 데리고 올라와서 장례 치른 과정, 그때에 대해 상세히 말씀해 주실 수 있을까요?

연화 아빠　　　장례, 저희들이 여기 새벽 1시 반쯤에 도착했나? 이 정도에 도착했을 거예요. 그런데 병원에 남은 곳이 여기 온누리병원이라고 선부동 쪽에 있는데 거기밖에 없다고 해가지고 그쪽으로 갔어요. 거기 있는 분들이 이 저기가 하려고 내리는데 집사람한테 연락이 왔어요. "연화가 평상시에 이쪽 병원을 별로 안 좋아한다" 그래 갖고 이쪽에서 안 했으면 좋겠다고 그러더라고요. "어떻게 되느냐" 그러니까 친구들인가 누군가가 그 이야기를 했나 봐요, 연화가 그쪽 병원을 별로 안 좋아한다고. 그러면 다른 데 하는 데를 좀 알아보니까, 저기 뭐야 사랑, 사랑의병원인가? 여기 뭐야 다농[상록구 다농마트] 앞에 있어요. 거기가 하루를 기다리면 자리가 난다고 해가지고 그쪽으로 옮겼죠. 그래 갖고 그쪽에서 하루, 어차피 안에 안치는 못 하고 그냥 바깥에 있다가 다음 날 상을 치렀어요. 거의 4일째 일인가, 4일째 된 거지, 올라온 걸로 보면. 그렇게 하고 올라와서… 일단 집안들은, 어차피 애다 보니까, 옛날 분들이 많다 보니까 크게 비중을 안 갖잖아요, 애에 대해서. 집안 식구들하고 일가친척이 어른들만 참석하고. 그다음에 맞벌이하고 있었으니까 저희 회사하고 집사람 회사하고 그렇게 거래처들하고 해가지고.

면담자   봉사하는 분이나 다른 분들은 안 계셨나요?

연화 아빠   봉사요?

면담자   네, 찾아오시거나…….

연화 아빠   글쎄 모르겠는데. 그쪽 사랑의병원인가에 정부 관계자하고 교육청, 이런 분들 해갖고 한 다섯 분인가? 어차피 수속 같은 것은 밟아야 하니까. 그분들이 한 다섯 분 와 계셨던 것 같고, 그건 저희들뿐만이 아니고. 그쪽에 지금 장례식장이 실이 세 개인가, 네 개 정도 될 거예요, 아마. 그래 갖고 거기 때문에 나와 계신 거지, 저희들뿐만이 아니고 공통적으로. 다른 분들은 전혀 몰랐어요.

면담자   정부 쪽 분들이 비용이나 절차는 다 처리해 주셨나요?

연화 아빠 　　　장례 비용하고, 납골 그쪽까지는 아마 다 한 걸로 알고 있어요. 저희들은 돈 별도로 들어간 건 없으니까. 개인적으로 장례 치르는 방식들이 여러 가지니까 얘기들은 있었던 것 같은데, 거기에 대해서는 크게 저기 한 건 없어요.

면담자 　　　추모공원 선택할 때 고려하신 사항이 있나요? 친구들하고 같이 있어야 한다든가….

연화 아빠 　　　저희 결정적인 거는 소영 아빠. 저희 2학년 1반에 그 소영 아빠 저희들 회장이라고 했잖아요, 제가 총무고. 그분이 바로 앞에 오셨거든요? 그래 갖고 다른 데서 했는데, 그쪽 효원으로 했다고, 거기 괜찮다고 하더라고요. 그러기에 '아, 그러면 우리도 그쪽으로 그냥 가야 되겠다' 그래 갖고 보니까는 소영이 자리 옆에 거기 자리가 비었다고 그러더라고. 그러길래 그쪽으로 했죠, 중간, 중층에 자리고 괜찮다고 하길래. 이번에 가서 보니까 그래도 한 4, 50명 이상 저쪽에 있었거든요, 효원에. 그쪽, 저기에 그래도 한 30명 이상이 그쪽에 다 있으니까 그래도 외롭지는 않을 것 같아 가지고.

3
4·16 관련 기억에 남는 활동

면담자 　　　1차 구술에서 아버님이 보수적이었다고 하셨죠?

연화 아빠 　　　네.

면담자　　　사회 참여 활동에도 전혀 관심 없었다고 하셨는데, 아버님이 참사 이후 처음으로 관련 활동을 하신 것은 무엇인가요?

연화 아빠　　특별나게…… 어차피 다 같이 움직였던 거기 때문에, 그것도 시위 현장이라든가 이런 쪽 나가는 거가 그게 활동이지, 실질적으로.

면담자　　　처음 참여하신 건 언제예요?

연화 아빠　　처음 참여, 아 처음이라고 하면 기억이 안 나니까, 그냥 여기서 그 저쪽 어디야 그때….

면담자　　　청와대까지 간 때요?

연화 아빠　　여의도까지 갔나? 여의도인가 광화문인가까지 걸어서, 여기서 1박 2일로 해서 도보 행진한 게 있어요. 그때 가장 생각이 나죠. 그때는 어차피 제가 걷지를 못하니까, 그냥 차들 가는 거에 음료수라든가 이런 거, 또 반 이렇게 필요한 짐 같은 거, 이런 것들 차에다 싣고 다니고, 힘든 분 있으면 차 태워갖고 앞에 모셔다 드리고 이런 거는 뒤에서 서포트를 하고 그랬죠. 그리고 이틀 그거 한 게 그래도 가장 생각이 많이 나죠. 다른 건 팽목항 가고 여기 시위 나온 것도 그냥 그때그때 나갔으니까. 그리고 다른 분들에 비하면 그렇게 많이 활동을 안 한 거다 보니까 이야기하기가 참 부끄러워요, 그런 부분에 대해서.

면담자　　　그날 느낀 점이나 특별히 기억에 남는 상황이 있어요? 도보 행진했을 때요.

연화 아빠   행진했을 때, 일단 여기서 행진한 그때는 초창기니까 어떤 유가족이라든가, 유가족 그 지인들 있잖아요, 다 같이 가다 보니까 참여 인원이 좀 많았어요. 참여 인원이 많다 보니까 거기에 대해서 '우리 말고도 관심 가져주시는 분들이 많구나' 하는 거하고, 걸어가는 행진하고 할 때 주위에서 저 응원해 주시는 분들도 좀 있고. 그다음에 그렇게 가면 또 불편해 가지고 경적도 울리고 그랬을 텐데, 다른 것 같았으면. 그런 것 없이 많이 협조들을 해주셔 가지고 거기서 많이 좀 느꼈죠. 옛날 같았으면 '아이, 저거 왜 저렇게. 그냥 한쪽에 모여서 하지' 이런 식으로 생각했었을 텐데, 그런 거 보고 많이 느꼈죠.

면담자   도보 행진은 왜 참여하셨어요? 몸도 불편하셨을 텐데.

연화 아빠   미안하니까.

면담자   누구한테요?

연화 아빠   딸내미한테도 좀 미안하고, 그다음에 같이 하시는 분들 있잖아요, 저보다 연장자인 분들. 제가 저희 반에서 밑에서 두 번째예요, 나이가. 저희 반이 다른 반에 비해서 나이들이 많아요. 그리고 여기 당직, 내근이라고 여기 분향소에 계속 있는 사람 말고, 그다음에 저예요, 나이가. 그래 가지고 어린데, 나이 드신 분도 나가는데 어린 사람이 안 나가기도 좀 미안하고 그래서 따라갔죠. 하는 데까지는 제가 서포트하고, 못 하는 거는 또 못 하는 거고.

면담자   처음에 그런 거에 대해서 약간 이해 못 했다고 하셨는데, 직접 해보시니까 어땠어요?

연화 아빠   우리가 자원봉사라고 하잖아요. 저도 자원봉사 많이 하는 편은 아닌데, 누군가를 이렇게 도와줬을 때 뿌듯함이라는 게 있잖아요. 그다음에, 일을 하고 난 다음에 '이경규가 간다' 예전에 있잖아, 보람찬 하루를 끝마치고 간다고. 그것처럼 그거를 하고 나니까 기분이 그렇다고 해야 되나, 약간 올라오더라고. 그런 게, 거기에서 희열을 느꼈다고 하기에는 좀 표현이⋯ 제가 말주변이 없어서 그런데, 그런 게 느껴지더라고. 그런 것들, 그런 것들이 좋은 것 같애. 누구 이렇게 도와주는 거는 좋아하기는 하는데, 이렇게 참석하는 거 별로 안 좋아했었는데, 그것도 하나의⋯ 괜찮더라고요. 이렇게 하더라도 힘[최선]은 다 하고, 자기가 [사정이] 되면 더 서포트하고 싶은데, 그렇지 못하다 보니까 지금도 미안하죠.

면담자   특별법 제정과 관련해서도 참여 활동 많이 하셨죠?

연화 아빠   쫓아다니긴 했는데 기억이 별로 없어요.

면담자   기억에 남는 게 별로 없으세요?

연화 아빠   네. 그냥 어떻게 보면 만들었으면 하는 거는 바람이 있는데, 제가 아까도 말했지만 깊게는 파고들지를 않아요. 제가 이거에 대해서, 세월호에 대해서 어느 정도 이렇게 좀 잊으려고 하는 그 저기가 있기 때문에 그거에 대해 크게 관심을 안 가졌어요. 대신에 참석만 해서 말마따나 인원수 채우는 거죠. 그런 저기지, 이거는 꼭 해야 되겠다, 이런 것들을 별로 못 느꼈어요. 하는 게 좋다는 거는 인지를 하지만, 그 정도까지는 크게 관심이 없어서 그런가, 그것까지는 기억이 남은 게 별로 없는 것 같애.

면담자   나중 이야기지만 특별법 제정 관련해서 단식도 하고, 활동하신 분들이 많아요. 그런 분들 보며 어떤 생각을 하셨어요?

연화 아빠   항상 하는 거가 그거예요, 미안하다는 거. 제가 참석을 못 하니깐. 국회에서도, 국회 가갖고 날밤 새우고 하고 할 때도 거기서 단식 농성하시는 분들 있잖아요. 그분들 있으니깐 미안하죠. 저는 안 하고 옆에 그냥 있으니깐. 거기는 저 같은 경우는 연화 올라오고 난 다음에 얼마 안 있다 출근을 했기 때문에, 뭔가 이렇게 같이 동참할 수 있는 기회가 별로 없었거든요, 직장생활을 하다 보니깐. 그 정도로 그러니깐 항상 미안해요, 지금도. 이거를 지금 하시는 분들 보면.

면담자   직장생활 하시느라 바쁜데, 그래도 계속 활동에 참여하셨네요.

연화 아빠   토요일, 일요일 날이나 이런 때는 했었고, 그다음에 여름철에, 여름철에는 그런데 겨울철에는 제가 특히 더 안 되거든요. 오늘도 눈 조금 치우는데 그거 추워 갖고 약 먹고 그랬거든요. 그러니까 추운 거는…, 예전에는 지난번에도 여기 뇌출혈로 한번 쓰러져가지고 추운 걸 못 견디니까.

면담자   1주기에 추모행사를 크게 했어요. 그때 감정이나 특별히 생각나시는 일이 있을까요?

연화 아빠   1주기 때 그럴 경황이 없었어요. 그러니까 4월 15일 날 진도 해상을 갔다 왔잖아요, 그 침몰 지점에, 동거차도 근처에. 거기에 처남하고 처형하고 그다음에 집사람하고 해서 갔었어요. 저는 어차피 출근하니까, 가지 말라고 했어요. 근데 굳이 갔다 오겠다고 하더라고.

면담자   누가 갔다 오겠다고 했어요?

연화 아빠   집사람이, 허리가 좀 안 좋았었거든요. 근데 갔다 왔다 하는 데 왕복 10시간이잖아요, 버스만. 그래서 무리가 될 것 같애 갖고 가지 말라고 했는데, 갔다 왔는데 새벽 한 3시인가 이 정도 됐는데 허리가 좀 아프다고 하더라고요. 그래 갖고 내가 "진통제 먹고 좀 기다려봐라" 그리고 "날 새거나 하면 병원 가자" 그래 갖고 있는데 5시인가 도저히 못 참겠다고 그래 가지고 21세기병원을 갔어요. 그랬더니만 디스크가 완전히 눌려 터져가지고 흘러내렸더라고. 그래 갖고 그날 집사람 디스크 수술을 시간을 내가지고 하여튼 했어요. 그리고 수술하고 나니까 이쪽 그날 비 오고⋯ 비 왔나? 그럴 거야. 그렇게 해가지고 여기서 [추모] 행사한다고 하고, 저는 집사람 수술 그거 가야 되니까 옆에서 서포트하고 그러다 보니까 흐지부지 갔죠. 그날 그것 때문에 직장, 집사람 직장생활 그만두고,

디스크 [때문에].

면담자   아, 어머님이 수술한 뒤에 직장을 그만두셨어요?

연화 아빠   그렇죠. 디스크 수술하면서 자기는 못 다니니까 요양하고 하면서 그렇게… 그게 기억이 나요, 4·16 1주기 때는. 다른 거는 저기 하고.

면담자   수술 끝나고, 정신없이 보내시고 나서 어떤 생각이 드시던가요?

연화 아빠   수술 끝나고 '한번, 그래도 한번 참석해 볼걸' 이런 생각이 들죠, '1주기니까 참석해 볼걸'. 집사람 수술하고 그다음 날인가 연화한테, 딸내미한테 갔다가, 집사람이 어차피 못 움직이니까 그걸로 1주기는 그냥 보냈죠.

면담자   연화가 효원에 있다고 하셨잖아요. 연화 보러 가시면 무엇을 하시나요? 특별히 그곳에서 드시는 생각이 있는지….

연화 아빠   제가 지난번에도 이야기했잖아요. 거기 가면 욕부터 시작합니다, 먼저 갔으니까(울음). 혼자 가니까 거기 가면 "야, 이년아 왜 일찍 가갖고 저기냐고" 욕하고, 얼굴 보고 하면 이렇게 달래고 나니까. 또 주위에 친구들 이렇게 한 바퀴 쫙, 간 김에 친구들 다 한 번씩 보고 그렇게 하고, 마지막에 딸내미더러 "잘 지내라" 하고 "친구들하고 잘 있어라" 하고. 우리가 거기 가가지고 특별나게…… 처음에 가갖고는 이 생각 저 생각도 많이 했어요. 내가 또 잘못하고 해서 미안하다고 이런 걸 좀 했었는데, 그런 거는 될 수 있는 대로 안 하고. 그냥 얼굴 보면 일단 내 마음 달래자고 가는 거지, 솔직히 다른 거 있겠어요? 거기 가면 딸내미 한번 얼굴 보면 차분해지고 저기 하고 그러니까 더 가서 보는 거지, 다른 거는 없어요.

면담자　　　혹시 청운동 주민센터 앞에서 농성할 때도 계셨어요? (연화 아빠 : 네) 동사무소 앞에도 가셨어요? 거기서 청와대가 보이잖아요.

연화 아빠　　　나는 청와대가 어디 있는지 몰라요. 거기 청운동 동사무소 이쪽으로 돌아가면 전경들 차 있어 가지고 그 뒤에를 한 번도 못 가봤어요. 그래 갖고 '아, 저쪽이 청와대구나'라는 건 아는데, 보진 못했어요. 1인 시위할 때 갈 수가 있었는데, 저는 1인 시위할 때 거기에 없었거든요. 그러다 보니까 그것도 못 가보고.

면담자　　　전경들이 가족들이 청와대에 못 올라가도록 그렇게 막아놓은 것 보니까 무슨 생각이 드시던가요?

연화 아빠　　　걔네들 업무가 그거니까요. 제가 의경 나왔다고 했잖아요, 1987년 데모 한참 할 때. 걔네들 해야 되는 게 그 업무기 때문에 다 이해를 하지, 더 이상 걔네들한테 이야기한다고 바뀔 것도 아니고. 어차피 위에서 지시 내려서 하는 거기 때문에 걔네들 마음을 알기 때문에 크게 저기는 안 해요, 그런 것들은.

면담자   청운동에서 농성하실 때 특별히 기억에 남는 일이나 그때 하신 생각에 대해 들려주세요.

연화 아빠   그때는 생각을 [안 했어요]. 서로들 이야기하고 그러느라고.

면담자   아, 이야기하셨어요?

연화 아빠   이야기들, 이런 이야기 저런 이야기 하고, 생각할 저기들은 없었고, 그냥 거기서 한 거가 제가 항상 그러지만 서포트하는 거. 음료수나 사다가 주고 이런 것들 하고, 조금 쉬어갖고 이야기하고 그런 정도지, 앞에서 이것 뚫고 할 때 조금 도와주고 그런 것들만 생각이 나요, 다른 것들은 없고.

면담자   그때 다른 분들하고 주로 무슨 이야기를 하셨나요?

연화 아빠   그때는 저거지. 지금처럼 세월호 그 배 뒤집어진 뒤에 이렇게 긁힌 자국 같은 거, 이런 거 있냐, 없냐, 지금은 보도에 안 나오네. 그쪽 보도에 옛날에 초창기에는 그쪽 부분이 선미 부분이 나왔는데, 그 이후부터는 그 부분이 안 나온다고 이런 이야기들, 주로 그런 이야기들 했던 것 같아요. 그리고 '특별법 제정하라' 이런 거 외치고 그랬었으니까. 그 정도?

면담자   특별법 관련해서 자세히 관심을 두진 않으셨다고 하셨죠?

연화 아빠   예, 저는 그런 거에 대해서는 별로 상관없어요. 지금

69

도 내가 마찬가지예요, 세월호가 언제 어떻게 되고 이런 거는. 저는 그냥 우리 딸내미하고 통화한 거, 그때 그 기억, 그거 이외에는 들을라고도 안 하고 보지도 않고. 그래서 중간중간 스토리라든가 이런 것들을 별로 몰라요, 그냥 저기 하는 거지. 그때를 그냥 머릿속에는 그것만 갖고 있어. 지금도 TV 보다가 배 뒤집어진 거 나오면 안 봐버리니까. 크게 뉴스, 인터넷도 그렇고, 안 보고. 세월호 쪽은 대부분 많이 안 봐요.

면담자　　2015년에 1주기 지나고 교실 존치 관련해서 한참 활동하셨잖아요. 그때도 참여하셨죠?

연화 아빠　　참여는 했죠. 참여는 했는데 저 같은 경우는 아까도 그렇지만, 저희들 자체로는 '그냥 [교실] 없애지' 하는 게 저희들 부부 입장이에요. 굳이 그거에 대해서는 비중을 안 갖고 있으니까. 그런데 저는 안 한다고 하더라도 저희 반 부모들이 그거를 하기를 원하니까, 그것 때문에 동참을 하는 거예요. 왜 그러냐면 내가 빠져버리면, 내가 빠졌으니까 다른 사람도 또 빠질 수가 있거든요, 저기해 갖고. 그러면 하는 사람이 몇 명이 안 될 수밖에 없잖아요. 그런데 제가 빠지지 않고, 제가 도와주지는 못할망정 참석함으로 인해서, 참석하는 것 자체가 빠지는 것보다는 도와준다고 생각을 하기 때문에 그래서 같이 가는 거지, 저희들은 기억저장소 이런 것들도 크게 비중을 안 갖고 있어요.

면담자　　교실 존치는 왜 동의하시지 않았어요?

연화 아빠   어차피 잃어버린, 그리고 어차피 인제 간 애인데 그 걸 존치를 더 해놓는다고 해서 무슨 저기[의미]가 있을까. 어차피 떠나간 사람은 그냥 떠나가서, 저는 잊어야 된다고 생각을 해요. 그래야 주위에 있는 사람들, 주위에 있는 사람을 많이 돌아보고 그 러니까 잊어야 한다고 생각하고, 저 스스로 딸내미만 안 보내면 되 죠. 그렇기 때문에 그런 것들은 큰 저기가 없어요, 관심이.

면담자   추모공원 설립에 대해서는 어떠신가요? 추모공원에 대해서도 동의하지 않으시나요?

연화 아빠   저는 추모공원 설립하는 거는 찬성이에요, 어차피 하기는 해야 되니까. 그리고 지금 뿔뿔이 다 흩어져 있잖아요. 애 당초에 원래 추모공원 하려고 했던 장소가 있었어요, 알고 계실는 지 몰라도. 저희들은 거기다 그냥 했어도 찬성했었거든요. 그런데 추모공원을 좀 잘해야, 해보려고 하시는 분들 있잖아요. 진짜 뉴욕 저기[9·11테러희생자추모공원, 그라운드제로] 한 것처럼, 사고 난 것처 럼 하려고 그러고. 저는 추모공원보다, 추모공원은 추모하는 대로 그냥 놓고, 이 사회에 안전 관련한 어떤 단체나 어떤 시설이라든가 이런 쪽을 더 원하지, 이 추모공원을 더 좋게, 화려하게 하는 거보 다 추모공원은 추모대로 작게 가더라도 그거대로 가고, 안전시설 애들이 체험할 수 있는 곳, 그걸로 인해서 그쪽에다가 투자를 하는 게 정부가 그게 맞지 않을까라고 생각을 해요. 왜냐면 어떤 사고든 지 경험을 해본 것과 안 해본 것은 큰 차이가 있기 때문에, 그런 쪽

으로 해서 교육 시설이라든가 아님 체험 시설 같은 거를 만들어서
하는 게 제 바람입니다.

면담자　　학교에서 명예 졸업시킨다고 해놓고 부모님들과 상
의 없이 제적한 일도 있었잖아요, 기억나시죠?

연화 아빠　　네, 나긴 나죠.

면담자　　그때는 어떻게 생각하셨어요?

연화 아빠　　그때도 똑같애요. 어차피 죽은 애들을 가지고 졸업
을 하든, 졸업을 안 하든 그게 무슨 의미가 있느냐는 이야기지. 그
거는 우리가 조금 더 부모 입장에서 보면 바라는 하나의 욕심, 개
인적으로 보면 욕심일 뿐이지, 그 애들한테 보면 그게 무슨 의미가
있냐고. 아무 의미도 없다고. 그래 갖고 저희들은 그거에 대해서는
찬성은 안 했어요, 그거에 대해서만큼은. 어차피 살아 있는 애들을
신경을 써야 되기 때문에, 살아 있는 애들도 솔직히 괜찮은 애들도
많이 있겠지만, 그거에 상처받는 애들도 하나나 둘은 생길 거거든
요. 그러면 걔네들을 걱정해야지, 이미 죽은 애들 가지고 그걸 조
금 더 예쁘게 꾸미느냐, 아니냐 또 존치를 한다고 해서 애들이 살
아날 것도 아니고. 그래서 큰 의미가 없어요. 그 부분에 대해서는.

면담자　　간담회에 참석하신 적 있으신가요?

연화 아빠　　아니요, 저 아시잖아요. 지금 이거 인터뷰하는 것도
약속을 누군가하고 했기 때문에 하는 거지, 저기 이런 거를 별로

안 좋아하거든요, 말주변도 없어서.

면담자　　　그럼 지금까지 인터뷰하신 적 없으신가요?

연화 아빠　　방송국하고 한 번 했, 방송국하고 얼마 전에 한 번 했었고, 그리고 김미화 나오는 거 3분인가 3분 스피치인가 뭔가 한다는 게 있대요. 저는 들어보지는 못했으니까. 그거 한다고, 다 한다고 해가지고 그거 한 번 했고. 그다음에 진상 조사, 그거 하고. 법정 소송하는 거에 할 때 조금 했었고, 그다음에 NHK인가, 방송 거기하고 한 번 한 적이 있었어요, 그 팽목항에서.

면담자　　　NHK라면 팽목항에서 연화 기다리실 때요? 그때 무슨 이야기를 하셨나요?

연화 아빠　　정확하게 기억은 안 나는데 그때, 그때 그러니까 애 거기 도착해서 "애가 지금 살아 있다고 한다, 그래서 올 때까지 기다린다" 그런 정도의 이야기를 했던 것 같애요. 그거를 이야기했던 것 같고, 짤막하게 그것도 안 하려고 했었는데 동생이 약속을 잡아놔가지고.

면담자　　　동생분이 기자랑 약속을 잡으셨어요?

연화 아빠　　일본의 NHK 기자하고 없는 사이에 인터뷰를 본인이 하려고 했다가, 지가 회사 일이 있다고 가고, 그래 가지고 제가 그 옆에 있다가 하라고 해가지고 어쩔 수 없이 하긴 했는데, 뭘 이야기했는지 기억도 안 나요, 거기에서.

면담자   그러면 이번에 3분 스피치에서는 무슨 이야기 하셨어요?

연화 아빠   똑같이 이야기했던 것 같아요. 딸내미 전날, 여행 가기 전날, 그리고 꿈꾸었던 거. 그런 거 이야기했던 것 같애. 그때 상황. 그때 상황이 가장 저기 하니까. 그리고 사고 당일 날 이야기했던 거. 그거 기억도 안 나요, 이야기한 것도.

면담자   얼마 안 됐다고 하셨잖아요.

연화 아빠   어제 한 일도 생각이 안 나는데.

면담자   시간이 좀 흐르긴 했지만, 2015년 말에 특조위 청문회가 개최되었는데요. 그때 청문회는 보셨죠?

연화 아빠   안 봐요.

면담자   아, 한 번도 안 보셨어요?

연화 아빠   네. 그냥 여기[분향소] 옆에서 이야기하는 사람들, 그 옆에서 이야기하고 저는 그냥 있고 그 정도지. 그리고 가끔 가다 있으면 한번 물어나 보고, "어떻게 잘됐냐" 이런 거나 한번 물어보고 다른 것들은……

면담자   분향소에서 청문회에 관해 어떤 이야기를 들으셨어요?

연화 아빠   아니, 그러니깐 저는 다른 거 관심 없고, 청문회 누구 나오고 안 나오고 그런 이야기만 하고 그러니까는 관심을 안 가지니까 별로 무슨 이야기를 했는지가, 기억이 안 나요, 그 자체도. 그런 쪽으로 저는 아예 관심을, 신경을 안 쓰니까.

면담자   여기 같이 계신 분들이 보라고 하시지도 않았나 보네요.

연화 아빠   그런 거는 안 했어, 강요는. 어차피 각자 저기인데 안 하고. 어떤 행사 같은 데를 딱 가면 처음에는 도보 행진이든 이런 데, 여기서도 뭐 하고 그랬었잖아요. 이런 데 딱 가면 다 좋은데 중간에 세월호 이야기가, 행사 같은 거 하다가 중간에 시를 읊거나 뭐를 하거나 딱 [감정이] 올라오면 그러면 그냥 일어서서 나와버리니까. 거기 있으면 저기가 안 돼요, 사람이. 안 들어요. 들으면 이게 울컥하고 입에서 욕 나와요. 가보면 그냥 탁 하고 일어나 나와버리지. 그러니까 이런 데서 TV 보고 있는 분들이니까 그냥 돌릴 수는 없잖아요. 그냥 하고 관심 좀, 신경 안 쓰고 다른 거 이야기하다가.

면담자   지난번에 한동안 온마음센터 가셨다고 했잖아요. 거기서 상담받아 보신 적 있으세요?

연화 아빠   여기 [분향소에 상담해 주시는 분들이] 있을 때는 여기하고 자유센터에서는 상담을 받았어요. 그 정신과 의사분하고 상담을 했고, 저쪽[온마음센터]에서는 마사지, 일주일에 한 번 마사지하는 거 그걸 받았고요. 저쪽에서는 의사가 계신 줄 몰랐어요. 그런데 나중에 보니까 토요일 날 의사 선생님이 오신다고 하더라고요, 신청을 미리 하면. 그때 알았죠. 그런데 그 이후에는 안 갔어요.

면담자   상담은 주로 무슨 이야기 여쭤보시나요?

연화 아빠   그쪽에서요?

면담자   네.

연화 아빠   여쭤보는 거는 지금 이렇게 단답식으로 '마음이 어떠세요? 어떤 때 울컥하세요?' 이렇게 그냥 물어보면 혼자 이야기하는 거예요, 혼자. 그러니까 혼자 이렇게 막 내뱉고 나면, 30분 정도나 1시간 정도 되면, 내뱉고 나면 여기를 이렇게 좀 응어리진 것들이 쫙 풀려요. 그러면 그게 1주일, 2주일, 3주일 이렇게 가면 한 달 정도 가면 또 막 차올라 오죠. 그러면 가서 또 한 번 하면 괜찮고. 몇 번 안 했어요, 근데.

면담자   몇 번 정도 방문하셨나요?

연화 아빠   기억은 정확하게 안 나는데, 여기까지 아마 4~5번 했나. 그렇게 처음에는, 처음에는 없었으니까. [센터가] 생기고 그렇게 왔었던 것 같아요.

면담자   트라우마센터가 있다는 걸 처음에 어떻게 아셨어요?

연화 아빠   그때 여기서[분향소에서] 트라우마 상담한다고 하길래 처음에, 한참 할 때 쪽팔리고 그러니까, 남자 새끼가 등치[덩치]는 커가지고 저기 한다고 그럴까 봐 안 갔어요. 안 갔는데, 이게 막 너무 끓어오르니까, 이게 욱, 화병이 오는 이 생각 같은 그런 게 막 저기 하고 그래 갖고, 그때 천막이 있을 때 한번 와봤죠. 상담해도 되냐고 그러니까 해도 된다고 해갖고 한번 물어보는 대로 그냥 이야기했는데, 아 이게 하고 나니까 좀 이렇게 [격앙]됐던 게 쫙 가라앉는 거예요. 그래 갖고 그다음부터 나름대로 치밀어 올랐다 하면 그때 한 번 가고, 하고 그렇게 했죠.

면담자   화병이라면 어디 편찮으신가요?

연화 아빠   감정이 북받쳐 올라오고, 제가 종합병원이라고 그랬잖아요, 그 WPW[볼프 파킨슨 화이트 증후군]라고 저기 순환기계가 있어요. 조금 흥분하면 맥박이 엄청나게 빨라져요. 그렇게 되어버리면 숨을 제대로 못 쉬어, 맥박이 너무 빨라져 갖고. 그러다 보니까 그런 게 자주 생기는 거죠. 지금은 좀 없는데 그런 것들이 자주 생겨요. 어떤 때는 맥박 많이 뛸 때 보면 숨을 못 쉬어갖고 그냥 꺼버리고, 숨 쉬고. 그렇게 하고 있다가 이렇게 좀 사그라들면 또 움직이고 그렇게 되니까. 그때 그런 게 심했어요. 아마 우리 뚜껑 열린다고 하잖아요, 그렇게 머리가 스트레스랄까.

면담자   갑자기 감정이 이렇게 올라오는 건가요?

연화 아빠   생활하다가 이게 쌓여서 올라가는 거죠. 말 그대로 한 달이면 한 달 동안 이렇게 쌓여 올라가요. 그런데 풀고 나면 가라앉고 평상시처럼 되다가, 우리도 옆에서 누가 저기 하잖아요. 누가 했네, 누가 했네 옆에서 듣잖아. 그러면 에이씨 하면서 혼자 생각을 또 하는 거예요. 그 이야기 한마디, 누군가 지나가면서 한 이야기를, 인터넷 딱 들어가면 인터넷 창에 뭔가 딱 뜨잖아요. 그러면 열어서 볼 때도 있고 안 볼 때도 많은데, 일단 타이틀만 보고 생각하게 되니까 이게 올라가죠. 그렇게 내려갔는데, 화병 걸리겠더라고.

면담자　　혹시 아빠공방이나 합창단 같은 다른 활동에 참여하신 적은 없으세요?

연화 아빠　　네, 없어요. 왜냐면 직장생활 하다 보니까 보통 회사에서 5시 40분에 끝나는데, 이것저것 하고 나면 8시나 이렇게 되니까, 토요일이나 일요일에는 거의 쉬니까. 여기로 와서 활동 같은 건 별로 하지는 않아요.

<u>4</u>
나라에 하고 싶은 이야기

면담자　　1차 구술증언 마칠 때 나라에 하고 싶은 이야기가 있다고 하셨죠?

연화 아빠　　그러니까(한숨).

면담자　　나라에 하고 싶은 이야기 들려주세요.

연화 아빠　　이번에 조윤선이가 세월호 관련해서, 그리고 반대 집회라든가 이래 갖고 방해를 한 거 있잖아요. 그런 것처럼 어떤 문제가 좀 터지면 개선 방안을 좀 찾아야 되는데, 이 개선 방안을 찾지를 않고 감추려고만 하잖아요. 이거를 감추려고만 하면 일이 더 커지고, 개선은 안 되고, 똑같은 일이 계속 반복될 수밖에 없어요. 저희 직장생활에서도 마찬가지거든요. 그것처럼 정부도 문제가 생기면, 지난번에도 이야기했는지 모르겠지만, 원인 조사를 해서 그거에 대한 대책을 세워가지고 뭔가를 개선했으면 좋겠는데, 그것들이 너무 안 되는 거야, 답답해요.

일례로 이거는 세월호하고는 상관이 없는데, 저희 쪽이 주택가예요. 그런데 그쪽 도로가 학교 학생들 그 통학로거든요? 아실지 몰라도 주택가에 차 세울 데 없어요. 그러면 차가 이중 주차를 하고 사선 주차도 하고 그래요. 근데 아침 7시에 딱지를 끊어요, 주차 딱지를. 얼마 전에도 저희 건물에 있는 분이 그래 갖고 1년에 [벌금이] 몇십만 원이라는 거야, 서민들인데. 다른 구나 시나 이런 데 보면 8시 넘어서 끊는 데가 있고, 9시 넘어서 끊는 데가 있다 이거야. 여기는 아침 7시에 와서 8시에 끊고, 9시에 끊고 이래요.

면담자   아, 계속 끊는 거예요?

연화 아빠   주기적으로 와서 끊어요. 보통 사람들이, 학생들도 그렇고 직장인들도 보면 보통 7시 반이나 8시 사이에 다 빠지잖아요. 그러면 8시 이후나 이렇게 와가지고 학생들, 보통 이쪽 와동에 있는 애들이 보통 8시 이후에 나가니까, 그렇게 하면 그때에 그렇게 끊으면 되는데, 이거를 군이 아침 6시, 7시, 누구는 6시 몇 분에도 끊었다고 하고, 말이 안 되잖아요. 구청 가가지고 따지면 법대로 하라는 식으로 이야기를 하고 그러니까 답답한 거예요, 이게 공무원인 거지. 정부도 맨 마찬가지라는 이야긴데요, 이 세월호 문제도 담당이 있고 주무장관이 있고 그러면 주무장관 휘하에 각 반별로 있을 거 아니에요. 그러면 거기서 다 원인 조사하고 개선하면 될 거를 그게 너무 안 되는 거예요, 그게 너무 안타까워요. 일반 기업체도 그런 거 다 하는데, 왜 정부는 그런 걸 안 하고 그냥 월급은 꼬박꼬박 타가면서. 왜 그런 것들을 일을 안 하는지, 방치하는지, 그게 진짜 너무 답답해요. 제가 진짜 공무원이면 다 바꿀 거 같애. 〈비공개〉 그것처럼 공무원들이 너무 안일하게 업무를 하지 않나 이런 생각이 좀 들어요. 그런 부분에 대해서 고쳐줬으면 좋겠고, 지금 이 세월호 문제는 우리 유가족 문제뿐만이 아니잖아요. 그러니까 이런 것들은 좀 더 다른 업무보다는 관심을 갖고, 우리한테 무슨 혜택을 달라는 건 아니고, 그냥 그쪽에서 대책을 세워줬으면 하는 거예요.

제가 진짜 막 차에다가 휘발유 통 갖고 달려가고 싶은 심정인데, 감성적으로는 그런데 이성적으로는 못 하는 게 참 그래요. 뒤집어엎어 버릴까도 생각을 했었어요, 맨 처음에는. 제가 환자라 그랬잖아요. 이런 이야기하면 몸은 더 안 좋아지는데, '내가 언제까지 살 거야? 그냥 한번 뒤집어엎어?' 이런 생각이 들어요, 말마따나. 근데 이성적으로야 집사람이 있고, 또 자식이 있는데 혼자 행동할 수가 없으니까 그냥 참고 있는데, 그런 생각이 들어요, 중간중간에. 오늘도 그냥 앉아갖고 있다가 누구 뭔가 이렇게 사고 치고 싶은 그런 게 순간적으로 발생을 하거든요, 회사에 이렇게 있을 때도. 그런 것들을 사그라들게 뭔가 정부에서 조치를 해줘야 하는데 안 해주다 보니까 그런 것들이 힘든 것 같애. 다른 건….

면담자　　　지금 이런 상황이 왜 해결되지 않는다고 보세요?

연화 아빠　　내 업무가 아니라고 생각하기 때문에 그러는 것 같아요. 윗사람 눈치 보다 보니까 밑에 사람 움직일 필요가 없거든. 지시 내린 것만 업무만 하면 되는 거니까. 기업체에서도 똑같아요. 직장생활 지금 하시는 건가요?

면담자　　　네.

연화 아빠　　거기는 어떨지 몰라도, 윗사람이 뭔가 결정해야 되는 문제들은 밑에 사람들은 안 움직이거든요, 뭔가 지시가 내릴 때까지. 그렇게 되면 회사로 보면 마이너스거든요. 근데 누군가가 나서서 일하는 사람은 그놈은 죽일 놈이야. 뭔가 회사에 안 좋은 감정이 있다거나 이런 식으로 표현을 해버리니까 일을 못 하는 거죠. 그러니까 나서지를 못하고, 그냥 지시 내려올 때까지 기다렸다 업무를 하려다 보니까 이렇게 되지 않나, 그런 생각이 들어요. 공무원들이 뭔가 회사에서 바텀업[밑에서 위로] 해갖고 밑에서부터 개선 제안을 하고, 업무 저기를 효율적으로 돌아가는 거를 어떤 방안이 있으면 그거를 위에다가 보고를 해서 관철할 수 있는 이런 업무가 되어야 하는데, 안 하잖아요 정부에서는, 마이너스가 되니까. 그런 것들이 체계가 그렇게 있다 보니까 바뀌지가 않는 것 같애.

한국, 대한민국 국민성이 그런 거라고 볼 수밖에 없는데, 일본이나 중국 같은 나라는 차근차근 잘해나가잖아요. 저희들이 거래처 장비 같은 거 구입을 하더라도 우리가 국산 장비를 갖다가 끼워놓으면 현장에서 받아들이는 게 달라요. 국산 장비 아무리 좋다고 해도 갖다놓고, 일본이나 유럽 거 갖다 딱 놓으면, 유럽 거가 고장이 많이 나고 일본 게 고장이 많이 나도 "아이 그건 유럽 거니까, 아 그건 일본 거니까"[라고 해요]. 근데 우리나라 거 딱 갖다놓고 조금만 트러블이 나도 "에이, 국산이 다 그렇지" [해요]. 똑같아요. 그러니 해결이 되겠냐고 안 되지, 국민성이 그런 걸.

똑같다고 봐요, 이 정부도. 이거는 밑에 젊은 세대들부터, 이게 뭔가 지금 나이 드신 분들은 어렵다고 보는데, 젊은 세대들이 이거를 바꿔줬으면 하는 건데, 젊은 세대들도 보면 처음에는 의욕적인데 조금 지나가면 다 물들어 똑같아져. 그니까 힘들어요. 저희 때, 저희 지금 애들, 들어오는 애들도 조금 괜찮을 줄 알고 그러는데, 의욕적이긴 하죠. 그런데 놀거나 뭔가 개인 여가생활 하거나 이런 쪽으로는 적극적이에요. 근데 업무적으로 보면 적극적이지가 않아, 변해가. 윗사람에 물들어 가지고. 여기도 마찬가지예요, 신임검사들도. 처음에는 누구 이야기 들어보니까 의욕적으로 다 할라고 하는데, 위에서 '이건 하지 마라, 이건 하지 마라' 이런 식으로 되니까 그것도 안 되는 거 아니에요? 똑같은 거 같애요, 공무원들도 다. 그 자기들 룰에 따라서 그냥 가다 보니까 그렇지 않나 그런 생각이 들어요, 바뀌기는 힘들 것 같애.

면담자　　바뀌기 힘들다고 보세요?

연화 아빠　　네.

5
한국 언론에 대한 생각

면담자　　언론과 관련해서 하시고 싶은 말씀은 없어요? 참사 이후 언론에 대해서 생각이 바뀌었다든가….

연화 아빠　　언론에 대해서는, 요즘에는 뉴스를 예전에 KBS를 봤었거든요, KBS가 그래도 신뢰가 갔었으니까. 그런데 요즘에 KBS를 안 봐요. JTBC를 봐, 뉴스는 다. 말마따나 손석희 씨 나오는 그 '뉴스룸' 같은 거 이런 거 보면 거기에는 믿음이 가요. 그런데 다른 데 가면 믿음이 안 가. 여기에 대해서도 어떤 때 내용도 보면 정확하게 기억은 안 나는데, 말마따나 내용이 약간 다르게 나오는 경우가 없지 않아 있어요. 우리가 여기서 이야기 들었던 사항하고 본 사항하고 여기 와서 약간 보면 달라. 이야기 좀 꺼내기는 하는데 그게 이렇게 "어?" 한 게 둘이 이렇게 다르다 보니까 "에이", 주위에서 "야, JTBC가 낫다" 그래서 가자 그러니까는 그쪽으로 관심 갖고 그쪽으로만 주로 봐요. 그러니까 그쪽은 신뢰가 가는데, 다른 데는 신뢰가 안 가요. 거기하고 연합뉴스 쪽하고, 이렇게 두 군데만 보는 것 같애, 언론 쪽은.

면담자　　　　오늘 저희가 준비한 질문은 여기까지입니다. 혹시 더 하고 싶은 이야기가 있으면 해주세요.

연화 아빠　　　　특별하게 하고 싶은 이야기는 없는데, 하여튼 이런 것들, 만약에 이런 것들을 수집을 해서 뭔가 활용을 한다면 요번에 그 나온 것들 있을 거 아니에요? 그러면 거기에서 여러 가지 저기가 있겠죠. 어떤 거, 사고 개요서부터 해서 그다음에 지금 나라에서 했던 정책이라든가, 그다음에 유가족들이 원했던 것들이 있을 거 아니에요. 그럼 그런 걸 단계별로 해서 교육용 홍보 자료로 쓰면 어떤가 그런 생각이 들어요. 어차피 제가 이야기한 거는 별로 쓸모가 없어서 그렇지만, 그런 쪽으로 활용됐으면 좋겠어요, 이런 것들이. 그리고 어떤 연구 국책 사업이나 이런 쪽에 이런 걸 보면 그 사람들 거를 한번 보고 뭔가 그래도 하나 반영될 수 있으면 도움이 되지 않나, 그런 생각이 들거든요.

면담자　　　　오늘은 여기까지 할게요. 시간 내어 말씀해 주셔서 감사드립니다.

연화 아빠 이종해

3회차

2017년 2월 2일

1
시작 인사말

면담자　　　본 구술증언은 4·16 사건에 대한 참여자들의 경험과 기억을 기록으로 남김으로써 이후 진상 규명 및 역사 기술에 기여하고자 합니다. 지금부터 이종해 씨의 증언을 시작하겠습니다. 오늘은 2017년 2월 2일이며, 장소는 안산시 단원구 세승빌라입니다. 면담자는 박여리이며, 촬영자는 김솔입니다.

2
근황

면담자　　　2차 구술한 다음에 설날이 지났는데, 명절 어떻게 보내셨어요? 친척분들 방문하셨나요?

연화 아빠　　　친척, 요즘에는 한…, 이 일[세월호 참사] 있고 난 다음에, 작년서부터인가 못 가요, 안 갔어요. 그게 시간도 시간에 쫓기고, 쫓긴다는 거는 핑계이기도 하고, 저희는 친척이라고 하면 오촌 당숙만 두 분 계시는데, 그쪽으로는 매년 들르는데 작년하고 올해는 지금 못 다녔어요, 내려가기도 힘들고. <비공개> 내려갔다 오래 있지를 않고 당일 날 보통 올라오다 보니까 그래서 그런 것 같애, 저기해서. 예전에는 그래도 2~3일씩 있었는데.

면담자　　　4·16 이후에 당일만 가신다고요?

연화 아빠　　거의 그렇죠. 당일만 갔, 당일 날 저희가 그 전날 가 가지고 음식 장만해야 되니까, 음식 장만하고 명절날이나 이런 때 지나면 바로 올라오니까. 어떻게 보면 부모님 산소도 못 갔다 왔으니까. 차가 엄청 밀리고 그러니까. 이거 끝나고 다음 주나 이때 들러야죠.

면담자　　　4·16 이후에 친척분들 만나시기 어려운 특별한 이유가 있나요?

연화 아빠　　어차피 거기 가면 또 물어보거든요. "세월호 어떻게 저기 됐냐", "아직도 안 끝났냐", "왜 말 나오냐" 이런 이야기 계속 물어보니까 싫어요, 그런 건. 물어보는 게 다른 분들도 저희 유가족분들도 이야기하는 거가, 그런 것들 때문에 집안에서 걱정하시는 분들 계시고 그러니까 잘 안 내려가시는 분들이 있더라고. 저도 마찬가지죠. 집안 식구들끼리는 어차피 다 저기 하는데 이쪽 일가 친척들 쪽은요, 잘 안 가지더라고. 한두 번 그리고 질문받고 이러면 또 미안하고. 한참 했던 게 그거잖아요. 돈 이야기 나오고 하고 할 때, 그런 것들 싫죠. 지금 한 2년 지나고 그러니까 아무래도 '아, 잘 다니네. 보상받고 하고 그랬으니까 애들이 피는가 보다' 또 이런 생각을 할까 봐. 스스로 생각을 하는 거지, 그렇게. 그 전에 [친척들이] 그런 이야기들을 몇 번을 비추었던 것하고 있다 보니까 스스로는 약간 꺼려지는 것 같애. 예전에 밑에 있는 동생 애들 데리고 안 간다는 애들 조카들까지 다 데리고 인사하러 다녔었는데, 지금은 그게 안 되더라고요. 아들, 저희 아들내미도 다 크고, 그쪽은 아직 어리고 애들이, 그러니까 더 생각나기도 하고, 그런 게 있어요.

면담자　　　그럼 이번 설 연휴에는 뭐 하셨어요?

연화 아빠　　　설 연휴에는 특별난 저기 없어요. 요번에 내려가서 음식 장만들 하고, 며느리들이 음식 장만하고 남자들이 서포트해 주는 거, 그거 했고, 하고 모여가지고 부모님, 할아버님하고 아버님 쪽에 산소가 있는데 잘 못 가지니까, 아까처럼 아예 그냥 화장해서 납골 저기를 하자, 그런 것들 의견들 서로 이야기하고. 또 장남은 반대하고, 차남이나 며느리들은 다 찬성하고. 조카애들이 20~30대니까 물어보면 그냥 간 애들도 어렵잖아요. 우리 때는 10대만 해도[돼도] 벌초하러 가는데, 요즘에는 20대 돼도 벌초하러 안 오거든, 힘드니까. 납골 쪽으로 하는 쪽으로 의견 제시하고. 그러다 보니까 장남 혼자서 민다고 그게 안 되니까는 올해 하는 걸로 일단 구체적으로 이야기하고. 그런 것들 이야기하다가 왔죠. 첫날은 바로 헤어지니까 각자 집에 가고.

면담자　　　월요일까지 연휴였는데, 갔다 오신 다음에 댁에서 그냥 쉬셨어요?

연화 아빠　　　아, 여기서요? 그러니까 여기 와서 그렇죠, 오고 월요일 날은 여기[분향소] 당직 날이니까 당직, 엊그제께 왔다가 당직하고 연화한테 딸내미한테 갔다 오고 그거지. 설날 올라오고, 딸내미 갔다 오고 그러니까, 쉬는 날 같은 때는 저녁 늦게까지 TV 보고 이런 이야기, 저런 이야기 하다 보면 제가 요새는 올빼미예요, 보통 2~3시 이렇게 자니까. 그렇게 하고서는 자고 일어나면 12시, 1시 되고, 움직이다가 그렇게 했어요. 처갓집에 가면 멀고 차 밀리니까 안 가게 되고. 집사람이 허리 다치고 저도 허리 안 좋으니까 장시간 운전하고 하는 걸 별로 안 좋아하거든요. 옛날에는 그래도 집사람 같은 경우 허리 다치기 전에는 차 타고 오래 다녔는데, 요즘에는 성하지가 않으니까 허리 아프다고 뒤로 와가지고 누우려고 하고 그러니까, 장거리도 크게 많이 못 뛰고. 그렇게 지냈어요, 특별한 저기 없이.

면담자   당직 때는 여기 많이 나오셨어요?

연화 아빠   저희 반은 보통 당직하면 한 10명에서 14명 사이?

면담자   많이 나오시네요.

연화 아빠   그 정도예요. 그러니까 가족 수가 아니라 그냥 [사람 수]. 한 집은 가족 수로는 한 7~8가족? 많이 나올 때는 10가족 정도 나오고. 그렇게 나오고 그게 10명에서 14명 그런 쪽 사이에서. 한 집에 한 명씩 주로 많이 나오니까 그렇게 저기 하죠. 그래도 많이 나오는 편이라고 하는 것 같더라고. 술 담배 하는, 술 먹는 사람이 별로 없어서 그렇게 친목이 다른 데처럼 모임이 있으면 이게 돼야 모이고 그러는데, 우리는 반 평균 나이도 가장 많고 1반이, 그다음에 술도 거의 안 먹어요, 다들. 그러다 보니까 그런 것들은 없었고.

지난 2년간 활동을 지속한 이유, 후회되거나 아쉬운 점

면담자   지금 거의 3년이 다 되어가는데, 몸이 안 좋은 상황에도 당직이나 여러 가지 활동을 계속하셨어요. 지속적으로 참여해 오신 이유가 뭐라고 생각하세요?

연화 아빠   지난번에도 이야기했는지 모르겠는데 일단 미안하니까. 딸내미한테도 미안하고, 또 이분들이 이렇게 꾸려나가는데 제가 쓱 빠지면 또 다른 사람, 그 사람 또 더 빠지는 사람이 생길 거란 말이에요. 그러니까 제가 활동은 못 하더래도 같이 동참을 해서 현재까지 꾸려지는 사람들은 그냥 다 같이 갔으면 좋겠다는 그런 거지, 다른 거는 없어요. 괜히 저 때문에 또 빠지면 무너질까 봐 그러는 거지. 그것 때문에 유지라도 하려고 그러는 거지, 적극적으로 활동을 못 하더래도. 저 같은 경우는 처남이라도 대신 진짜 동거차도나 이런 거 들어갈 때는 제가 못 가면 처남이 대신, 들어갈 때 있고, 그렇게 해가지고 최대한 다 끝날 때까지는 같이 갈려 그래요.

면담자   미안함 때문에요?

연화 아빠   네. 딸내미한테도 미안하고, 여기 계신 분들한테도 활동 많이 하고 계시는데 저만 편하겠다고 빠지기도 그러니까.

면담자   다른 사람들이 활동 열심히 하시는 것을 알면서도, 참여하지 못하거나 안 하시는 분들도 계시잖아요.

연화 아빠   그렇기도 하죠. 그러니까 주로 대외적으로 무슨 행사나 활동을 하시는 분들은 거의 정해져 있어요. 그다음에 저희처럼 옆에서 그냥 서포트만 해주는 사람들도 있고, 그냥 참석하시는 분, 가끔 가다 참석하시는 분도 있고 그렇죠. 그거는 세부적으로 그렇게 나눠지는 것 같아요. 저는 그냥 서포트만 조금 하고 같이 참석하는 편이지.

면담자   제가 볼 때는 많이 참여하신 것 같은데, 적극적으로 못 했다고 말씀하셨잖아요. 혹시 지금까지 활동하는 가운데 아쉬운 점이나 후회하는 점이 있을까요?

연화 아빠   후회는 안 되고요, 아쉽죠. 더 참석하고는 싶어도 몸이 안 따라주고. 또 회사는 회사 일, 먹고살아야 되니까, 저기다 보니까 못 따라주고. 같이 동참을 못 하니까, 미안하죠, 아쉽기도 하고. 그거만 되면 어차피 핑계예요. 거기 참석하시는 분들은 저같이 이런 걱정 안 하고 참석하잖아요, 이 일을 위해서. 그런데 저는 어떻게 보면 핑계를 대는 편이지, 지금 그 부분에 대해서. 먹고살겠다고. 하여튼 미안해요, 저기에서는.

면담자   후회한 적이나 후회하는 점은 없으시고요?

연화 아빠   후회되는 점은 없어요. 참석 안 해서 후회하는 거는, 후회라기보다는 어려운 거고, 이거를 참석해서가 잘못됐다거나 그런 쪽으로, 말 표현력이 그런데, 그런 쪽으로는 크게 후회할 일은 없을 것 같애. 처남 같은 경우에 가가지고 한 번 연행 갔다 이렇게 되고 그랬을 때, 처남한테 미안하죠. 최루액 눈에 직접 맞아가지고 막 고통스러워할 때는 그런 것들이 미안하죠. 차라리 내가 참석했더라면 괜찮은데 제가 못 하니까 대신 처남이 나가다 보니까 그런 것 때문에 조금 미안하고.

면담자   처남분이 적극적으로 참여해 주시는 편인가 봐요?

연화 아빠   처남도 일이 있을 때가 있고, 이게 직장을 고정적으로 출근하는 직장이 아니다 보니까 일이 있을 때는 못 가고, 일이 없을 때는 중간중간에 저기 할 때는 참석을 하고. 그다음에 진짜 중요하다고 가 있을 때는 다른 사람이, 지원하는 사람들이 없으면 그때는 또 일 접고 가고. 자유 직종이다 보니까 그런 건 시간이 여유가 있죠, 저보다.

면담자   가족 일이라도 본인의 일이 아닌데 그렇게 가기 쉽지 않을 거예요.

연화 아빠   그러니까, 대부분 다 그럴는지… 주위의 이야기 들어보면 친가보다는 처가 쪽하고 다들 애들이 친하잖아요. 그러니까 처남이나 처형이나 이런 쪽하고 딸내미도 그렇고 아들내미도 그렇고 이쪽이 친하지, 친가 쪽으로는 그냥 혈연관계라는 거지. 자주 만나지도 못하고 명절 때만 만나고, 멀리 떨어져 있으니까. 그렇다 보니까는 처남이 많이 저기를 해요, 처형도 그렇고. 그러고 애들도 많이 따르고.

| 면담자 | 처남분이 연화를 많이 아끼셨나 봐요. |

| 연화 아빠 | 그렇죠, 처남이 같이 생활을 많이 했었으니까. |

| 면담자 | 아, 한동안 같이 사셨어요? |

연화 아빠   네. 저희 집이 제가 어려서 국민학교[초등학교] 4학년 때부터 자취를 했어요. 자취 아닌 자취인데, 그러다 보니까 제가 외로움을 많이 타요. 그래 갖고 시끄러운 게 저는 좋아요. 저희 집 사람이 결혼하고 애 낳을 때까지만 [직장] 나가고 [아이가] 서너 살 될 때까지만 우리 진짜 식구들끼리만 살았지, 그 이후에는 누군가 가 꼭 있었어요. 그래 가지고 그 와중에, 그중에 조카 그러니까 집 사람, 처형 딸내미도 있었고, 그다음에 처남도 있었고, 그리고 우 리 친가 쪽에 조카도 있었고, 그렇게 해서 같이 살다 보니까 친하 지 그래도. 시킬 걱정은 안 하더라도 그래도 사람이 있으니까 좋더 라고요, 먹는 것도.

면담자   지금보다 훨씬 건강해지거나 많이 참여할 기회가 있 다, 시간적으로 여유가 있다면 더 열심히 참여하시고 싶은가요?

연화 아빠   몸이 저기 할 정도라고 하면 참석하죠, 직장생활에 영향이 없는 범주 내에서. 최대한 참석을 하긴 해야죠. 이런 이야 기는 뭐 하지만 50대잖아요. 그리고 50대는 언제 어떻게 될지 몰라 요. 그렇다 보니까 솔직히 눈치를 많이 봐요, 직장생활도. 왜냐면 지금 일단 40대 중반, 초반, 40대 후반 애들도 있는데 이렇게 50대,

어떻게 보면 제가 저희 회사 여기에서는 나이로 보나 열 손가락 안에 들거든요, 다. 그러다 보니까 눈치를 안 볼래야 안 볼 수가 없어요. 요즘은 정년퇴직 50대 초반인데, 60대까지 간다는 거는 생각을 안 하고 있으니까. 그러면 더 직장생활을 하다가 나와야 되니까, 아무래도 요즘에는 눈치를 많이 보죠.

4

지난 2년간 활동에서 가장 힘든 점과 위안이 된 점

면담자   지난 2년 동안 아버님을 가장 힘들게 한 점은 무엇이 있을까요?

연화 아빠   힘들게 한 거는 방송에 언론이나 이런 쪽에서 세월호 관련해서 이야기들이 막 나오잖아요. 그런 거 뉴스 접하는 것 자체가 스트레스예요. 그거 하면 지난번에 트라우마센터 있는 저기에 간다고 했었잖아요, 요즘은 또 안 가지만. 그런 이야기를 들으면 계속 감정이 북받쳐 오니까 그냥 혼자 집에서, 아니면 차에서, 회사에서도 일하다가 말고도 순간적으로 떠오르고, 입에서 그냥 욕 나오고 하고 이런 것들이, 그런 것들이 힘든 거죠, 막 차올라오니까. 그 이야기 자체가 스트레스예요, 나오는 것 자체가. 다른 건 누가 뭐라고 해서 그런 게 아니라, 뉴스 접하고 그러면 막 끓어오를 때가 또 있잖아요. 뉴스에서 나온 거하고 저희들이 요구하는 거하고 뭔가 진상 규명이나 이런 것들 처음에 안 하고, 인양하는 것들도 언제까지 한다 한다 하면서 계속 딜레이되고 있고 하는 이야기들을 보면, 그런 것들 때문에 더 열불 나죠. 그러면서 딸내미한테 가면, 한번 보고 오면, 그나마 수그러들고 그러니까. 그게 가장 스트레스인 것 같아요.

면담자   참사 직후랑 3년 다 되어가는 지금이 비슷하신가요?

연화 아빠   똑같아요. 지금도 이렇게 하고 있지만 여기는 심장이, 저 종합병원이라고 그랬지만, 이 심장이 정상적인 맥박이 아니에요. 빨라요, 상당히 맥박이. 그러다 보니까 부대낀다고, 그냥 이렇게 이야기를 해도. 그런 것들이 어떻게 보면 이 정신적인 스트레스로 인해서 지금 다 저기 되다 보니까 그게 힘든 거죠, 다른 저기가 없이. 쉽지는 않을 것 같아요. 쉽게 가라앉지는 않겠죠, 가면 갈수록 눈물이 더 많이 나오니까 그게 힘든 거죠. 지난번에 여기 하루에 두세 번 이상 운다고 [했잖아요]. 꼭 두세 번 이상 울어요. TV 보면서, 회사에서 저기 하면서. 소리 지르지는 못하지만 그런 것들.

면담자   갑자기 생각이 떠올라서 북받친다는 말씀이죠?

연화 아빠   그렇죠. 갑자기 TV로든, 인터넷을 보든 아니면 그냥 무의식중에 떠오르든 간에 그래요. 그런데 이게 처음에는 덜했다가.

면담자   아, 오히려 처음에 덜하셨어요?

연화 아빠   네, 처음에는 잊어버리려고 항상 그랬으니까. 딸내미한테도 처음에는 안 갔어요, 그렇게. 두 달에 한 번? 처음에 한 7~8개월 정도는 그렇게 안 갔던 것 같애. '에이, 잊어야지' 그러면서 안 갔는데, 가면 갈수록 저기가 되다 보니까 가게 되고, 한 번 갔다 오면 다음 주에 또 가게 되고, 일주일마다 거의 그냥 가니까. 안 가면 미안해서 또 저기 하고. 그런데 간혹 가다 못 갈 때가 있거든요. 그러면 속으로 미안하다고 저기 하고, 그다음 주에 또 가고. 지금 이렇게 되는 거예요. 쉽게 잊히지는 않을 것 같애요.

면담자   반대로 아버님께 가장 위안이 된 점이 있을까요? 누군가 도와주는 사람을 만났다거나, 가족이 위안이 됐을 수도 있고요.

연화 아빠   특별하게 위안이 그런데… 조금 처음에 트라우마센터에서 상담했을 때, 그때가 어떻게 보면 많이 이게[울화가] 올라왔을 때니까. 그때 그래도 몇 번 상담을 해가지고 추스르고 했던 게 가장 컸던 것 같애요. 1시간 다 보내고 했던 게 가장 큰 것 같고, 그다음에 평상시 여기서는 특별하게… 또 회사에서도 배려를 많이 해주셨고. 휴가 내고 하는 거가 그렇게 어려운 직장은 아닌데, 그래도 처음에 사고 나고 하면서 한참 회사에서도 많이 배려가 있었고 도와주셨고 했기 때문에 또 미안해서…. 빠지기도 하는데, 그래도 많이 그 이후에도 배려를 해주셔 갖고 그런 쪽으로 해서 도움을 많이 받았던 거 같애요. 직장생활 하는 거에 대해서도 그런 식으로 해서 많이 시간적인 여유나 이런 것도 보태주셨고 그랬던 거 같애요. 지금 트라우마센터 있으니까, 그래도 거기가 상담은 안 하더래도, 그래도 도움 많이 받는, 이게 가라앉는 그런 게 있거든요.

면담자 　　　트라우마센터에 가는 것만으로도 도움이 된다는 말씀이에요?

연화 아빠 　　　가기만 해도. 그러니까 성당 같은 데 이렇게 딱 가면 뭔가 이렇게 기분이 차분해지는 그런 걸 느꼈거든요, 저는 성당에서. 그런데 여기도 약간 그런 게 있어요. 어떤 곳에서 혜택을 보고 안 보고 그런 걸 떠나서, 일단 가기만 해도. 그런 사소한 것들이 많이 위안이 됐던 것 같아요.

면담자 　　　4·16 관련 여러 가지 활동에 참여하시면서 위안이 된 점도 있을까요?

연화 아빠 　　　그거는 잘 모르겠는데. 활동을 많이 안 했으니까 거기서 위안을 찾는… 그거는 모르겠어요. 딱히 저기 한 게 안 떠오르는데, 이야기할 만한 게.

5

4·16 경험으로 인한 관점이나 삶의 태도 변화

면담자 　　　참사 이후 세상에 대한 관점이나 삶의 태도, 자녀 교육하는 가치관 등에서 변화가 있으신가요?

연화 아빠 　　　보수적인 성격에서 그거 바뀐 거. 그러니까 예전에 완전 극우는 아닌데 그래도 보수적인 성격이거든요. 그런데 지금은 어느 정도 여기서 탈피해서 완전 진보는 아니더라도 중도 보수 정도, 이렇게 옮겨 왔다는 거. 마음이, 그런 것들이 변한 게 있고, 자식 문제는 이거하고 또 별개인 것 같더라고. 애가 공익 근무한다고 했잖아요. 지금 애가 다 커서, 그다음에 저 어려서부터 해왔던 게 있기 때문에 커서도 안 바뀌더라고. 아들한테 말투나 이런 것들도. 아들 하나, 아들 하나 남았으니까 뭔가 더 애한테 신경 쓰고 잘해주고, 이거를 한다고는 생각은 맨 처음에는 했었는데, 부모 입장에서는 하는 짓이 꼭 저기다 보니까 똑같이 대해지고, 변화가 없어요, 변화한 뭔가가. 아들내미하고 그렇게 사이가 썩 좋은 편은 아니지만 나쁜 편도 아니거든요. 그냥 ○○이 아빠, 아들이에요. 어떤 때 농담할 때는 농담하고, 하지만 야단칠 때는 또 야단치고. 그렇다 보니까 크게 변화가 없는 것 같애. 애가 어린애야 이게 바뀔 텐데, 이미 성인인데 거기다 대고 그런 거 없어요.

면담자　　　삶에 대한 가치관의 변화는 없으신가요?

연화 아빠　　　특별나게 그거 이외에는… 대신에 그건 있지. 집사람 말대로, 있을 때 언제 어떻게 될지 모르니까, 저희 집사람이 그거거든요. 태어난 건 똑같고 우선순위가 있겠지만, 가는 건 누가 우선순위가 없으니까 장기적인 거를 안 봐요. 저희 집 성격이 그러니까 돈이 없으면 없는 대로, 스트레스야 받긴 받겠지만 돈이 없으면 없는 대로, 있으면 있는 대로 써요. 그러니까 저나 누구한테 이

돈 가지고 스트레스를 주지는 않아요. 그런다고 적은 급여나 그거
는 아닌데도 그런 거에 대해서 이야기를 하지 않아요. 그러니까 집
사람 왈, 저하고 성격이 완전, 금전적인·경제적인 면에서는 반대예
요. 집사람은 내일 죽을지 모레 죽을지 모르는데 왜 그걸 장기적인
계획을 갖고 가냐, 당장 앞만 보자 이거고, 저는 그래도 노후생활
대비해서 또 아들내미도 있고 딸내미도 있을 때니까 그거를 대비
해서 뭔가를 준비하자 그러는데 집사람은 안 해요. 저도 이 일이
있고 난 다음에 그런 건 바뀌었어요. 그냥 놀 때 놀자. 옛날 부모님
들도 그러잖아요, 노세 노세 젊어서 논다고. 몸도 시원찮고 그러니
까, 내 나이가 육십이 돼갖고 내가 멀쩡할지 안 멀쩡할지 모르니까
지금 놀 때도 그냥 놀고, 집사람이 어디 간다고 하면 알아서 해라,
그런 터치하는 거 가지고 또 그런 게 바뀌었죠, 저도 바뀌고. 그런
거는 바뀐 것 같애, 생활 패턴 중에. 장기적으로는 안 봐요.

6
현재 가장 걱정하거나 고민하는 점

면담자　　　아버님께서 현재 가장 걱정하시거나 고민하시는 점
은 무엇인가요?

연화 아빠　　　지금은 고민하는 건 그거예요. 이젠 저나 집사람이
나 만약에 어떻게 되고 아들 혼자 남잖아요. 딸내미가 있었을 때는

딸내미가 오빠를 많이 챙겼거든요. 많이 챙기다 보니까 오빠가 결혼하거나 [하면] 서로 위안이 될 수가 있잖아요, 무슨 일 있을 때. 그런데 지금 혼자니까 그게 상당히 걱정이 [되죠]. 얘가 앞으로 결혼하고 살아나가야 되는데 제대로 저기를 할 수 있을까. 요즘에는 취업난도 힘들고 그러는데, 부모 입장에서는 더 뭔가를 해보고 싶은데 또 그것도 또 힘들고. 그러다 보니까 아들내미 장래에 대한 게 걱정이 가장 커요. 저희들이야 아직까지는 젊은 나이라고 하지만, 그래도 웬만큼 살 만큼 살았으니까, 살아갈 애를 위해서 뭔가를 해주고 싶은데 그 부분이 가장 걱정되죠. 혼자다 보니까 또 외로워지고.

면담자　　　아드님은 지금 어떻게 지내세요?

연화 아빠　　　지금 공익 근무하는데 올 12월 달에 제대예요. 제대인데 대학을 어떻게 다닐지 그만둘지, 그런 걸 아직 결정이 안 났으니까 저기 하고… 아들내미한테도. 요즘에 어제 저녁에도 그냥 걱정되는 게 기침 워낙 많이 하니까. 딸내미 일 있고 난 다음에 담배를 배웠거든요. 그러니까 지금 이게 완전 골초가 되어버린 거야. 하루에 한 갑, 두 갑, 이렇게 피고 어떨 때는. 지난번에 한 갑 반 핀다고 했는데 한 갑에서 한 갑 반 사이 피는 것 같애. 그런데 저녁에 자는데 막 기침을, 그냥 12시부터 오늘 새벽 4시에 잤는데, 한 새벽 3시까지 계속 기침을 하는 거예요. 그러니까 저게 감기가 오는 것도 아닌데 '아, 저거 병원 한번 데리고 가볼까' 담배 퍼서 그러는 것 같기도 하고. 담배를 늦게 배우다 보니까 애가 약간 건강이 저기한 것 같아요. 그리고 살도 많이 찌고 그래 가지고, 그게 걱정이에요, 아들내미에 대해서. 뭔가 제대하고 난 다음에 다시 생각을, 직접 한번 상의를 해서 하고, 아직 친구들이 다 군대생활하고 있으니까 끝나고는 자기 또 마음가짐도 뭔가 새로 할 수도 있고. 그래서 기다려보고 있는 중이에요.

면담자　　집에서 연화에 대한 이야기는 하시는 편인가요?

연화 아빠　　아들내미가 연화가 저기 하고 난 다음에 무덤덤해요, 의외로 무덤덤해. 그러니까 연화 이야기도 안 하고. 그런데 주위에 있는 애들 이렇게 이야기 들어보면 나름대로 스트레스받고 담배도 피기 시작하고 있으니까. 저희들이나 저기 옆에서는 그런 거 없어요. 그냥 평상시, 예전이나 지금이나 똑같애. 그런데 모르겠어요. 아주 내가 잘 몰라서 그런 건지, 잘 모르겠더라고. 원래 성격이 우리 부모 앞에서는 조용조용한데 바깥에 나가면 말괄량이, 말도 잘하고 그런다는데, 저희들 앞에서는 그런 게 없어요. 그러다 보니까 잘 모르겠어. 이야기를 해도 그냥 기본적인 이야기만 하지, 깊게 이야기를 안 해요, 아직 덜 성숙해서 그런가.

면담자　　아드님이랑 연화에 대해서나 관련한 이야기를 해본 적은 없으세요?

연화 아빠　　관련한 이야기를 하면 거의 와갖고 이야기를 안 해요. 저희들이나 이렇게 물어보고 그래도 이야기를 안 해. 〈비공개〉

면담자   아버님께서 아드님한테 특별히 바라는 점이 있으신
지요?

연화 아빠   저는 바라는 게 그냥 보통 사람들같이만 살아라. 공
부를 열심히 한다고 해서 저기 되는 것도 아니고. 그래서 지난번에
학원도 안 간다고 그래 갖고 안 보냈다고 그랬잖아요. 그것처럼 자
기가 하는 분야에 대해서 자기가 조그마한 한 가지 일을 하더라도
그게 보람차고 자기가 괜찮다고 그런다고 하면 그냥 그 일을 했으
면 좋겠어요, 돈이 얼만큼 더 벌고 들어가고를 떠나서. 그런데 이
왕이면 저는 더 버는 직업으로 갔으면 좋겠는데(웃음) 조금 그래요,
아직까지는. 자기가 깊게 생각은 안 하고 있는 것 같애. 미래에 대
해서 아직까지는. 누군가 친구들 만나는 거 그런 쪽으로 더 관심을
갖고 있지, 아직까지는 장래에 대해서 그렇게 깊게 [생각을] 갖고 있
지는 않은 것 같더라고. 그런데 그 나이에 저도 그랬으니까 굳이
아들한테 강요할 필요는 없다고 생각을 해서 그냥 기다리고 있어요.

7
앞으로 남은 삶에서 추구하는 목표

면담자   아버님 삶에서 추구하는 목표가 있다면 말씀해 주
세요.

연화 아빠   저는 다른 거 목표가 없어요. 다른 거 없고 그냥 우

리 가정 아프지 않고 눈물 나지 않을 정도로만 살자, 이게 개인적인 목표예요. 돈을 더 바라는 것도 아니고, 그냥 남들 먹을 만큼 먹고, 남들 쓰는 만큼 쓰고, 생활할 정도만 됐으면 하는 게 그게 기본 목표예요. 회사를 그만두더라도 어디 직장생활 하더래도 그냥 먹고살 정도만 벌어서 지냈으면 하는 게 목표지, 그다음에 건강하고. 일단 몸이 골골이니까, 둘 다. 조금 더 오십이고 육십이고 사는 데까지 편하게 살다 가자, 지금 이거예요. 다른 거 욕심부릴 건 없을 것 같은데. 더 음식 먹어서 그럴 때도 아무리 맛있는 거 2~3일 가도 배부른 거만 빼고는 다른 거 특별난 거 못 느끼겠고. 그러니까 집에서 맨날 그냥그냥 밥만 먹고, 먹어도 그거나 저쪽 나가가지고 외식을 하나, 하루 한 끼 먹었다는 건 똑같은 것 같애. 나이가 먹어서 그런지 몰라도 재미, 어른들 말씀에 그 말씀을 하시더라고. 어떤 나이 들면 입맛도 변하고 이런 것들 변한다잖아요. 실제 나이가 되어보니까 확실히 그게 있는 것 같애. 그러니까 옛날에는 뭐가 먹고 싶다, 뭐가 하고 싶다, 이게 있는데 요즘에는 뭐가 먹고 싶은 게 없는 거야. 밥을 한 끼, 지금 식구들하고 외식을 하러 가자 하면 뭘 먹으러 갈까 결정을 못 내려. 뭐다 특별나게 먹고 싶은 게 없거든. 그래도 그냥 한 군데 나가서 골라서 먹고 오고 그러는데, 그런 거 같애. 사는 것도 다른 거는 없이 그냥 집사람 어디 여행이나 친구들하고 가겠다고 하면 그런 것도 그냥 갈 수 있게끔 하고, 저도 그런 일이 있으면 가고 하는 게 제 목표죠. 건강하게, 짧게 살더래도.

104

연화 아빠 이종해

8
세월호 이후 바뀌었으면 하는 점, 진상 규명에 대한 전망

면담자　　지난번에 세월호 사건과 관련해서 크게 바라는 점은 없다고 말씀하셨잖아요. 앞으로 최소한 이런 점은 바뀌었으면 좋겠다, 이루어졌으면 좋겠다는 게 있을까요? 사소한 거나 개인적인 거라도 말씀해주세요.

연화 아빠　　지금 아직 이루어지지는 않았는데 일단 세월호 관련해서는 추모공원이 빨리 들어섰으면 하는 거고, 어딘가에. 굳이 지난번에 A, B, C 이렇게 장소 있는데 거기서 어디 들어가든 간에 흐지부지되기 전에 뭔가 애들을 위해서 해줬으면 좋겠고, 그다음에 이 사건, 이 사고로 인해서 조금 안전 관련해서, 지난번에도 이야기했던 것 같은데, 안전 관련해서 시설이라든가 아니면 교육이라든가, 그다음에 정부에 그 어떤 대응 조치, 어떤 시나리오나 어떤 이런 것들이 개선이 되었으면 하는 게 제 개인적인 바람이거든요. 그런데 변화가 있을는지는 모르지.

면담자　　왜 추모공원을 첫째 목표로 꼽으세요?

연화 아빠　　제 개인적으로도 애들이 같이, 다 이렇게 모여 있었으면 좋겠다는 거, 뿔뿔이 흩어져 있지 않고. 얘네들은 어떤 말마따나, 각자 어떤 인생을 살면서 어떤 병이 아파서 혼자 이렇게 간 게 아니잖아요, 참사가 일어난 거잖아요. 그러다 보니까 얘네들 나름대로도 같이 모여서, 어떻게 보면 미신을 믿는다고 해야 되나, 애네들끼리 같이 이렇게 모여서 지내기를 바라는 거예요. 이 친구들이 평생, 평생이라는 거는 그냥 저기에서도 같이 모여서 애네들이 같이했으면 좋겠다, 떨어져 있지 않고. 그런 것이 가장 큰 저기예요, 개인적인 욕심으로 보면. 나중에 내가 그렇게 해놓으면 저희들하고 떨어질 수밖에 없잖아요. 저나 집사람이나 아들내미하고는 떨어질 수밖에 없잖아요, 나중에는. 그런데 그럴 때는 우리는 같이 모여 있고 싶지만 그 애들끼리 있어야 나중에 후대에나 이런, 그 밑에 다음 세대한테도 어떤 뭔가를 만들어내면서 그다음 사람들이 와서 보고 느낄 수도 있는 거고, 그거로 인해서 어떤 제도라든가 이런 것들이 바뀔 수가 있잖아요, 세대가 변함으로 인해서. 그런 것들 때문에 지금 그러는 거지, 다른 거는 없어요. 개인적으로 나라에서 해주니까 공짜니까, 이런 개념은 없어요. 그런 차원이지.

면담자　　추모공원에 꼭 필요한 건 무엇이 있을까요?

연화 아빠　　추모공원에 사고와 관련된 어떤 자료들이, 누군가 와갖고 분향을 하는 사람도 있을 테고, 와서 그때 사고 나서부터 끝날 때까지의 어떤 자료들 이렇게 있으면 그거를 이렇게 볼 수가 있을 거 아니에요. 그러면 교육적인 저거를 또 활용할 수가 있으니까, 그런 것들. 그런 다음에 정부에서 어떻게 대처를 했나 이런 것들을 공유해서, 아까 이야기했지만 어떤 사고방식이나 이런 것들을 바꿔서 제도가 개선되었으면 하는 바람이 많고, 그다음에 여기

부모들이 각자 시간 지나면 흩어질 거 아니에요. 그러면 추모공원이 있음으로 인해서 1년에 한 번이든, 아니면 10년에 한 번 오든 모일 거 아니에요. 그리고 부모들이, 내 자식이 요즘에 다 외아들, 저기 하나나 둘밖에 없으니까, 그러면 나이 먹어서래도 이 사람들끼리 안에서 어떤 유대 관계를 가짐으로 인해서 서로 의지할 수가 있고. 그런 거가 이 추모공원이라는, 추모공원이나 아니면 재단이나 이런 걸로 통해서 이루어지겠죠. 그런 차원에서 그 저기 있어야 된다고 생각을 해요.

면담자   4·16 활동이 끝날 것이라고 보세요?

연화 아빠   개인적으로 1단계는 끝이 난다고 봐요. 인양을 하고, 여기 합동 영결식 하고, 추모공원이 건립이 되면 저는 거기까지가 1단계라고 보고, 그 이후에는 재단 차원이나 이런 쪽에서 계속 뭔가 활동을 해나가겠죠. 그러려면 계속 가겠죠. 가기는 그런데 일단 어디까지만이라고 이젠 매듭을 짓는 사람들이 있을 거라고, 1차적으로. 여기 지금 가정이 안 나오시는 분들도 보상이 끝날 때까지만 나오셨던 분이 있고, 그다음에 또 그 이후에도 추모공원이나 뭔가 저기가 끝날 수순이나 이런 것들이 끝날 때까지 또 나오시는 분도 있을 테고, 그 이후에 또 활동하셨던 분들도 있을 테고. 그렇게 나눠지는 거죠.

면담자   아버님은 끝까지 남고 싶으세요?

연화 아빠   저는 솔직히 여기까지만. 지금 이번에 저기 하고 한 것까지만 하면 되겠다, 저도 원래 그 선까지만 해서 끝내려고 했다가 어찌 보니 앞에 가시는 분들 때문에 따라간 거잖아요. 이것도 지금 거기까지만 해도 생각을 하고 있는데 지금 왔다 갔다 해요. 지금 그 재단 만든다 한다 그러는데 또 안 하시는 분들도 없잖아 있거든요. 그렇다 보니까 그냥 어차피 재단에 거기는 안 들어가도 4·16재단은 있으니까 재단법인하고 사단법인, 재단법인이 지금 만들려고 하는 거고, 사단법인은 이미 가입이 되어 있으니까, 여기[가족협의회]까지만 지금 제가 활동을 할 거냐, 여기[4·16재단]까지 가입을 해서 지금 활동을 [계속]할 거냐는 고민 중이에요. 지금 이거 더 생각을 해봐야 될 것 같애.

면담자　　　어떤 점이 제일 고민되세요?

연화 아빠　　　그건 것 같애요. 뭔가 바라보고 또 가야 된다는 시선이, 스스로 그런 게, 그런 시선이 있는 것같이 느껴요. 그러다 보니까 그게 싫어. 여기까지 끝내면 끝났다 하고 4·16 무슨 행사 있고 하면 그냥 이렇게 저기 하면 되는데, 또 재단법인으로 가면 이 사단법인하고 다르니까 또 뭔가 바라는 거 같잖아요, 이게 저기에서. 그게 싫어요. 그래 가지고 고민 중이에요, 저는. 갈지 안 갈지. 그래 갖고 처음에는 안 간다고 지금 저는 이야기를 했는데, 옆에서 이런 이야기 저런 이야기 하니까 고민 중에 있어요, 갈까 말까. 항상 저희 유가족 중에 한 사람이 그래요, 너는 꼭 결정 장애라고. 고민이 많아요, 그런 쪽에 대해서는.

면담자   아버님이 정한 그 마무리 단계가 끝나면 어떻게 살고 싶으세요?

연화 아빠   큰 변화가 없을 것 같애요, 지금이랑. 아까도 이야기했지만 크게 뭘 바라는 게 없기 때문에 지금이랑 큰 변화는 없을 것 같애, 그냥 지금처럼 살고 싶어요. 식구들끼리 큰 저기 없이.

면담자   진상 규명에 대한 전망은 어떠세요?

연화 아빠   약간 부정적이라고 생각해요. 저 사람들 속 시원하게 지금 어느 정도는 나오는가 했잖아요. 근데 그거는 외부에서 실질적으로 어떤 예상하고 있는 거고, 부분적으로 조금 나온 건 있지만 결과는 그게 아니잖아요. 아직까지 안 나온 거잖아요, 뭘 했는지가. 그거는 안 밝혀질 것 같애. 누군가 진짜 양심 고백을 하기 전에는 안 밝혀질 것 같애. 어차피 거기 있는 사람들은 다 먹고살려고 [하는] 직장생활이잖아요. 그 밑에 있는 사람들은 그렇다 보면 쉽게 밝혀질 것 같지는 않은데, 내부자들에서 누가 고발하는 사람이 있어야 되는데 그게 없어.

면담자   왜 밝혀지기 힘들다고 보세요? 공무원 사회라서 그럴까요?

연화 아빠   그렇죠. 공무원이고 그 사람들도 그 사람들 나름대로 삶이 있잖아요. 그런데 말마따나 우리 사회에서 아직까지 내부고발자들이 제대로 저기 된 사람이 없잖아요. 얼마 전에도 거기 김현정 아침 뭐더라[라디오 프로그램 '김현정의 뉴스쇼'] 거기서도 그러잖아. 내부 고발했는데 따돌림이나 당하고, 이런 것들이 나오잖아요. 그러니까 누가 나오겠어요. 진짜 젊은 사람이 뭔가 딱 터뜨리면 모르는데, 대부분 있는 사람들이 지금 나이 있는 사람 다 결혼하고 저기 한 사람들인데, 자기도 처자식이 있는데 누가 저기 하려고 하겠어요. 쉽지는 않다고 보는데.

9

지금 아이를 떠올리면 드는 생각

면담자　　　마지막 질문입니다. 지금 연화를 떠올리면 무슨 생각이 드세요?

연화 아빠　　떠오르는 생각이요? 그냥 욕만 나와요. "야, 이년아". 저희가 그렇잖아요. 분향소 갈 적마다, 아니 분향소란다 저기 납골당에 가갖고 딱 보면 "야 이년아". 이름도 이연화인 데다가.

면담자　　　그러네요, 이름이.

연화 아빠　　우리 딸내미가 이름을 바꿔달라고 했거든.

면담자　　　아, 그것 때문에요?

연화 아빠　　누가 이연화 부르는데 "야 이년아, 야 이년아" 그런다고 바꿔달라고 그랬는데 안 바꿨어. 그다음에 이름이 연화가 이런 데 절, 그다음에 무당집 이거잖아요. 그러니까 집에 다니면서 꼭 내 이름에는 무슨 절하고, 무당집, 점집만 있다고 이름 바꿔달라고 했는데, 하필이면 또 화장한 데가 연화장이야. 그렇더라고요.

면담자   이름 예쁜데.

연화 아빠   제가 잘 지었다고 생각했는데, 연화가 못 연 자에 꽃 화잖아요. 이젠 그 생각도 드는 거야. 못 연 자에 이거를 해갖고, '그래 이 못 연 자를 써서 물에서 저기를 했나' 그런 생각도 들어요. 괜히 이름을 잘못 지었다라는 생각도 들고, 문득문득.

면담자   아버님, 지금까지 중요한 말씀을 많이 해주셨는데요. 혹시 마무리하기 전에 더 하고 싶은 이야기 있으세요?

연화 아빠   더 하고 싶은 이야기는 없고, 저기 그냥 사회가 변화를 했으면 좋겠다는 생각이 들어요. 아직 저희 세대나 저희 위 세대들은 못 먹고 살았잖아요. 저도 어려서 쌀뜨물 가지고 동생들도 우유가 없어서 쌀뜨물로 해갖고 뭘 해서 젖 멕이고 그랬으니까. 그런 세대니까 일단 먹을 게, 먹고사는 게 최우선이었다 보니까 지금이 사회적으로 나만 생각하게 되잖아요. 그런데 요즘 세대들은 먹고사는 건, 그러니까 20대 애들 지금 취업난 때문에 어려운 줄은 아는데 그래도 먹고사는 거는 걱정 안 하잖아요. 잘 커, 잘 먹고 살아왔으니까. 그러니까 사고적으로나 저희들보다는 진보적이잖아요. 그러다 보니까 사람들이 뭔가 제대로 바꿔서 이런 변화를 주었으면 하는 게 개인적인 바람이에요, 저희들 세대는 늦었고.

면담자   아버님, 오랜 시간 동안 세 차례 구술, 감사합니다.
저희 구술 여기까지 하겠습니다.

연화 아빠   네, 수고 많으셨습니다.

4회차

2019년 1월 26일

1
시작 인사말

면담자   본 구술증언은 4·16 사건에 대한 참여자들의 경험과 기억을 기록으로 남김으로써 이후 진상 규명 및 역사 기술에 기여하고자 합니다. 지금부터 이종해 씨의 증언을 시작하겠습니다. 오늘은 2019년 1월 26일이며, 장소는 안산시 4·16기억저장소 교육실입니다. 면담자는 김익한이며, 촬영자는 강재성입니다.

2
근황, 이사

면담자   저희가 3차 구술을 마친 게 2017년 2월인데, 상당히 시간을 둔 상태에서 오늘 다시 아버님 구술을 하게 됐습니다. 쉽지 않은 자리인데 응해주셔서 감사드리고요, 그사이에 근황을 말씀해 주세요. 어떤 변화가 있었는지요?

연화 아빠   이사한 거하고, 그다음에 인제 직장생활 지금 하다 보니까 집사람이 허리도 다치고 뭐 하고 그래 가지고 회사 그만두고 집에 지금 있는 상황이고, 아들내미는 이제 그때[참사 당시] 한참 대학교 입학 시점이었는데 여파가 있어 그런가 뭐 학교 접고 군대 갔다 와갖고 인제 직장생활 하려고 지금 준비 중이에요. 이제 뭐 한 달, 인제 20일 됐나요? 직장생활? 그러니까 크게 뭐 아직 직장

잡았다고 보기는 어렵고, 요즘에 아직 마음이, 그 저기 뭐라고 해야 되나? 저기가 지금 아직 안 선 거 같아요. 〈비공개〉 그래도 지금 직장이래도 나간다고 다니다 보니까 조금 마음이 좀 편하긴 해요. 뭐 그 직장이 좋든 나쁘든 간에 일자리를 구해서 나간다는 거, 그 정도?

면담자   참사 시기가 연화 오빠 대학 입학한 즈음이었으면 여러모로 충격이 적지 않았을 텐데, 지금 말씀하시는 거 보면 아드님이 스스로 잘 극복하고 자기 삶을 꾸려가는 듯한 느낌이 들어요. 아드님이 군생활 할 때는 연화 생각이나 연화와 관련해서 어떤 에피소드가 있습니까?

연화 아빠   특별나게 (웃음) 없는데, 지난번 구술에도 얘기했지만, 그때에 사고 이후에 담배를 안 피던 걸 이제 피우다 보니까 지금 완전 골초가 돼가지고 심할 정도로 많이 피고 있어요. 〈비공개〉

면담자   거의 매주 연화한테 가시는 걸로 아는데, 아드님도 가끔 같이 갑니까?

연화 아빠   네. 오빠도 1년에 대여섯 번은 같이 가고, 그다음에 인제 저희들은 매주 가고, 그렇게.

면담자   아버님, 저희가 2017년 2월에 3차 구술을 했으니까, 이사는 그 이후에 하신 거죠?

연화 아빠   예에, 9월 달에.

연화 아빠 이종해

면담자 　　　이사하신 계기가 따로 있어요?

연화 아빠 　　　그전, 어차피 인제 여기 집이 좀 오래됐고 애들이 이게 크다 보니까 이 방이 세 개긴 하지만 각자 있고, 그다음에 또 이제 처남하고 이렇게 있었거든요, 처남도 있었고. 그다음에 이제 또 뭐야, 외사촌 그러니까 조카애가 이제 집에 와 있기도 하고, 그렇다 보니까는 집에 항상 저희들 식구들끼리 이제까지 살아본 적이 없어요. 그러니까 뭐 처갓집 식구든 아니면 저희 집 식구든 누군가 와가지고 항상 같이 생활을 했기 때문에 어려서는 같이 있었는데, 커가다 보니까 이제 방이 좁고, 어차피 옮길라고는 했었거든요. 근데 이제 그전에 옮길라다가, 원래 거기 신도시 아파트에 있다가 와동으로 간 거거든요. 근데 이제 뭐야 아파트는 집사람이 싫다고 그래 가지고 이제 안 가고, 저쪽에서 이제 편하게 그냥 있다가 이게 계기가 되니까 옮기자 해가지고 이제 옮긴 거죠, 겸사겸사해서.

면담자 　　　이사하기 전 집은 연화랑 같이 생활하던 공간이고, 이사하면 연화와 함께한 기억이 좀 엷어지는 면이 있을 텐데 어떠세요?

연화 아빠 　　　네, 뭐 그거는 크게 저기를 하지 않았어요. 이미 일이 있고 난 다음에 바로 정리를 했기 때문에 크게 저기를 안 했는데, 인제 말마따나 짐은 정리는 했어도 연화 생각은 머릿속으로 더 많이 와닿는 거죠. 그러니까 이제 뭐 정신적으로도 약간 좀 스트레스받고 그런 게 많이 왔었죠, 그래도.

면담자   이사하면 어쨌든 공간적으로 연화의 흔적이 줄어드는 셈이니까, 이사한 상태에서 어머님, 아버님 나름대로 연화를 만나는 새로운 방법이 생기지 않았을까요?

연화 아빠   그러니까 인제 처음에는 뭐야 한동안은 아예 잊으려고, 잊으려고 노력을 좀 많이 했는데, 그게 이제 잊혀지지가 않고 계속 오다 보니까, 이제 주말마다 연화를 찾아가지고 얼굴이래도 한 번 보면, 이제 거기서 말로는 못 하더래도 속으로 이제 대화를 하죠. 몇 마디래도 이제 하고 그렇게 하고 이제 오면 일주일이 좀 이렇게 편안하다고 해야 하나요? 어떤 때는 1~2주를 못 갈 때가 있어요. 출장 갔다 오고 뭐 하고 그러면 어떤 때는 이제 예전에는 꿈에도 안 나타났었는데, 이제는 뭐 꿈에도 나타나 가지고 짜증도 내고 그러다 보니까 '아, 얘가 안 가서 그런가 보다' 그래 가지고 또 바로 가게 되고, 그쪽으로 이젠 집에서 있는 게 아니라 찾아가는, 뭐 하루래도 이렇게 가서 보고 오는 그런 쪽으로 많이 좀 바뀐 거 같애요, 그래야 마음이 편하고.

면담자   본래 아버님이 꿈을 자주 꾸는 편이에요?

연화 아빠   아니, 꿈은 안 꿔요.

면담자   그런데 연화 잃고 시간이 좀 지난 다음에 연화가 가끔 꿈에 나타나는군요.

연화 아빠   네에. 다른 분들은 뭐 저기해서 꿈에 자주 나타난다

연화 아빠 이종해

는데, 저희 집 식구들은 집사람도 그렇고 저도 그렇고 일찍 이거를 단념한다고 그래서 그런지 몰라도 꿈에 나타나지를 않더라구요. 근데 한참 뒤에 몇 개월 뒤에, 몇 개월이면 한 7~8개월 뒤에 이게 저기 된 거 같애요. 그때 이제 꿈, 집사람 꿈에 좀 나타나고, 그러다가 한 1년 지나가니까 제 꿈에 쪼끔 나타나고 하더니만, 이제 무슨 안 좋은 일 있고 이렇게 스트레스받고 하는 날이거나, 아니면 아까처럼 저기 연화한테 찾아가지 않은 기간 이렇게 조금 있을 때는 꿈에 나타나 가지고 짜증도 부리고 그러는 거 같애요, 다른 뭐 특별한 건 아니고.

면담자   짜증을 부린다는 말씀은 꿈이 굉장히 생생하다는 이야기인데….

연화 아빠   그러니까 뭐 꿈이라는 게 뭐 이렇게 줄거리가 있어서 쫘악 가는 게 아니고, 그 짧은 시간에 와가지고 투정 부리고 뭐하고 그냥, 뭐야 욕 아닌 욕, 딸내미가 주로 뭐 이렇게 막 고개 흔들어가면서 소리 지르는 거처럼 짜증 부릴 때가 있거든요, 떼쓰듯이 하는 게 있거든요. 그런 것들이 이제 나타나죠. 그러면 이제 '아! 뭐가 저 있는가 부다, 가보자' 하고 가죠. 그러면 이제 마음 편해지고.

면담자   어머님은 요즘 연화 만나러 가면 주로 어떠세요?

연화 아빠   뭐 거기 가면 예나 지금이나 큰 차이는 없어요. 그냥 가가지고 조금 한 5분 정도 얼굴 잠깐 보고, 의자에서 그냥 한 5분이나 10분 정도 이렇게 앉아 있다가 나오고, 저는 그냥 2~3분 속으로 얘기하고 마지막으로 욕 한번 하고 그렇게 하고 이제 나오지. 욕은 꼭 해요. 이름이 이연화다 보니까 "야, 이년아" 하구서는 그냥 "간다" 하고 돌아오죠. 오고 그러는데 그 욕을 함으로 인해서 뭐 저기 하는지 몰라도 좀 그렇게 뭐 친근한 그, 여기 살아 있을 때에도 그랬거든요. "야, 이년아". 뭐 저기 하고 그래서 원래 이름을 좀 바꿔달라고 했거든요. "왜 이연화라고 했냐. 남들이 다 이년아, 이년아 그런다". 그래 가지구 그냥 올 때 그렇게 한번 욕해주고 그렇게 하고 오고 그러고 있어요.

면담자　　　어머님은 직장에 못 다니실 정도인가요? 편찮아서 직장 안 다니시는 상태도 사실은 쉽지 않거든요, 매일 직장 다니다가 집에 계셔야 하니까. 잘 극복하셨는지요?

연화 아빠　　　처음에는 약간 우울증 비슷하게 저희가 좀 오니까 나가서 친구들 만나라고 그랬어요. 원래 친구들이 워낙 많다 보니까, 아는 분들이 [많아서] 마당발이에요, 워낙 넓어 갖고 다양하게. 그래 가지구 집에 있다가 뭐 약간 우울 중세 좀 그런 게 좀 있어서 나가서 만나라고. 요즘에는 그나마 좀 만나고 다니니까 덜하죠, 집에 있을 때는 그냥 좀. 근데 이제 성격이 좀 바뀌었다고 그래야 하나? 그게 좀 있죠. 옛날에는 좀 웃고 뭐 하고 그랬는데, 요즘에는 조그마한 일에도 뭐라고 하면 짜증부터 내고 뭐 그런 게 있어요. 그래 갖고 이제 처남하고 같이 사니까 처남하고 TV 보면서 비슷한 사례 보면 "너희 누나다" 하고 약 올리기도 하고 뭐 그러는데, 짜증

이 좀 많아요, 옛날보다. 아무래도 그 전하고 이후하고 뭐가 차이가 있는지는 모르겠지만 하여튼 그게 좀 있어요. 말투가 똑같은 말을 하더래도 곱게 나오질 않고 약간 짜증 섞인 말로 이렇게 돌아오니까 그냥 저희도 맞춰주죠. 그거에 맞춰[야지] 괜히 해봐야 싸움밖에 안 나니까.

면담자　　　연화도 말괄량이 소리 들을 정도로 활달한 아이였고 어머님도 밝고 활동적인 분이라, 아마 제 추측에 연화와 연화 엄마는 연화 아빠와 연화보다 훨씬 친구 같은 관계 아니었을까요?

연화 아빠　　　이제 커가면서 엄마 편에 들어가는 건 있었어요. 엄마하고 같이 설거지하고 뭐 하고 하면서 도와주고 하는 건 있었는데, 원래 친하기는 연화는 저하고 친해요. 예전에 2017년 구술에도 있겠지만, 태어나서부터 제가 안고 키우고 저기 하고 지 엄마가 없으면 아빠 혼자 잔다고 와갖고 아빠하고 같이 자고. 수학여행 가기 전날, 전전날인가도 같이 잤으니까. 뭐 그렇게 해서 친하게 지냈는데 커갈수록 그래도 엄마하고 대화는 조금 하는 거 같더라고.

면담자　　　어머님의 딸에 대한 상실감은 아버님의 상실감하고 조금 종류가 다르지 않을까요?

연화 아빠　　　다를 거라고 봐요.

면담자　　　자꾸 짜증 낸다고 하시는 얘기도 그런 것과 연관이 있지 않을까 싶어요. 이사 얘기 좀 더 해볼게요. 이사하신 곳에 주변 분들은 유가족이라는 걸 잘 모르겠네요?

연화 아빠   네에. 잘 모르고 저도 그거에 대해서 얘기하고 싶은 마음은 없고 그래요. 어떻게 보면 뭐 말마따나 저희가 좀 이상하게 보이는 거 같애 가지고 약간.

면담자   요즘 이웃이 가정 내부의 소소한 이야기나 사정을 나누는 관계는 아니니까, 굳이 숨긴다기보다 평상시대로 살아가는 것이라고 볼 수 있는데.

연화 아빠   근데 이제 헬스장 가서도 카톡이나 이런 데 보면 딸내미 사진 있고 그러니까 물어봐요. 헬스장에 그 선생님이 "딸내미 있던데 뭐 하냐?"고 그렇게 물어보면 "그냥 집에 있어요" 하고 말지, 이거 일이 있어서 먼저 저기 됐다는 말은 안 하죠.

면담자   이웃이 초기에는 같이 엄청 슬퍼하지만, 시간이 지나면서 이웃과 사이가 틀어지는 경우도 있다고 들었어요. 연화네는 어땠어요?

연화 아빠   저희들은 그런 거는 없었어요. 뭐 어차피 자주 가는 미용실이라든가, 슈퍼라든가, 밑에 집이든 윗집 식구들이 같이 잘 많이 좀 도와주고 위로해 주시고 그래 가지고 친근하게 지내고. 또 저희 건물에서 한 유가족이 있기 때문에 뭐 그런 것들은 좀 많이 도움이 됐던 거 같애요, 아무래도. 교회 다니시는 분들이 많아서 그런가? 많이 좀 도와주시고 그래 가지고 상당히 고맙게 생각하죠.

연화 아빠 이종해

면담자   말하자면 연화의 참사를 알지 못하는 새 이웃들하고 관계를 시작하셨는데, 느낌이 어떻게 다른가요?

연화 아빠   뭐 근데 거기서 아직까지 말 터놓고 얘기할 만한 저기는[이웃은] 없어요. 옆집하고도 있는데 1년에 한두 번 집사람이나 거의 얘기를 하지, 저는 뭐 만날 기회도 없으니까. 아침에 나갔다 저녁에 오고 만날 기회가 없어서. 그렇게 하고 그냥 헬스장이나 뭐 이런 데 가더래도 그냥 밝게 밝게 제가 지내려고 농담도 하고 뭐도 하고 그렇게 하고 있죠. 그런다고 뭐 거기서 친분이 있어서 별도로 만나고 하는 건 없으니까.

3
세월호 인양, 직립, 선체 조사 및 2기 특조위

면담자   이사하신 같은 시기에 인양도 되고, 배가 직립되기도 하고. 이제 선체 조사한다고 해서 뭐 아버님도 한두 번 정도 목포에 내려가시고 하셨을 텐데. 그 인양, 직립, 선체 조사, 그 배와 관련해서 진행되는 일에 어떤 느낌이 드세요? 참 잘하고 있다든지, 좀 불만스러운 점이 있을까요?

연화 아빠   저는 다른 건 모르겠어요. 우리 그 유가족분들이 거기서 활동하시고 그런 분들이 있어 가지고 그분들에게 상당히 좀 고맙기도 하고 죄송하기도 하고, 같이 참여할 수가 없으니까. 그런

마음이 상당히 많이 좀 들었어요. 〈비공개〉 정부 쪽에서 나오신 분들인지 몰라도 말마따나 형식, 형식적이다라는 생각이 좀 많이 들더라구요. 우리나라 공무원들이 뭐 나만, 본인만 안 다치면 본인한테 특별한 문제가 없으면 그 범주 내에서만 움직이려고 하는 그게 좀 있잖아요, 자발적으로 뭔가 나서서 해결하려고 하는 게 아니라. 그렇다 보니까 그게 마음이 좀 안타깝더라구요. 말마따나 본인의 일일 수도 있는데, 좀 공무원들이 이런 것들을 적극적으로 뭔가 해서 나서주면 사회가 좀 더 어떤 불만이라든가 이런 일이 생겼을 때, 불만이라든가 이런 게 좀 없이 같이 이렇게 일찍 좀 더 치유될 수 있지 않나 그런 생각이 드는데. 뭐 예를 들어 제가 여기서 새누리당이 빨갱이, 오히려 뭐 북한이 나한테 피해를 준 거보다 실질적으로 새누리당 뭐 그때 당시에 새누리당이나 이런 저기들이 직접적으로 나한테 피해를 주다 보니까, '과연 빨갱이가 누구냐?' 이런 생각이 들 정도로 '진짜 우리나라 정부가 너무하는구나'라는 생각을 상당히 많이 좀 분개를 했죠, 그거에 대해서.

면담자　　　박근혜 전 대통령 탄핵 이후에 말씀하시는 거예요?

연화 아빠　　탄핵이 되기 전에 그런 생각이 좀 많이 들었었어요.

면담자　　　선체가 올라오고, 직립이 되고 하는 과정은 새 정부에서 진행됐어요. 정부가 바뀌고 세월호 참사 문제 해결에서 달라진 점이라든가 변화가 감지되십니까?

연화 아빠　　저는 개인적으로 보면 뭐 제가 아까도 말씀드렸지만, 정치적인 것에는 관심이 없어요. 이거도 왜냐하면 틀어버리니까. 근데 이제 옛날에 박근혜 정권하에서는 모든 게 제한적이었거든요. 뭔가 안 된다는 게 많이 있었던 거 같은데, 그나마 좀 문재인 정부 여기 들어와서는 그래도 유가족이라는 것도 지원을 해주는 것도 좀 바뀌었다고 생각을 하는데, 그 외 것들은 모르겠어요. 뭐가 바뀌었는지는 전 관심이 없어서 잘 모르겠지만, 사실 여기 애들 추모공원이랑 이런 것들도 빨리 될 줄 알았었거든요. 근데 뭐 지금 흐지부지 어떻게 돼가고 있는지 잘 모르겠어요. 뭔가 나와서 초기 단계라도 진행이 됐어야 되는데, 그런 것들이 하나도 없잖아요. 그럼 '바뀐 게 뭐가 있나?'라는 생각이 드는 거죠. 유가족들에게 약간 활동하는 데 편리하게끔 지원할지언정 뭐가 바뀐 거는 저는 체감적으로 느끼는 게 없어요.

면담자   선체 얘기가 나온 김에 여쭤볼게요. 세월호가 직립이 돼서 조사가 진행되고, 그 안에 있는 뻘이라든지 그런 걸 다 꺼내서 앞으로 선체를 어떻게 할지 논의하는 단계입니다. 아버님은 세월호가 어떻게 되기를 바라세요?

연화 아빠   저는 보존할 수 있는 공간이나 그런 것이 충분히 뭐야 고려가 된다고 하면 저는 보존하는 게 맞다고 보는데요. 근데 군이 보존할 위치도 없고 또 돈을 들여서 뭔가 조성을 하고 그래야 한다고 하면 그거는 좀 다시금 생각을 해봐야 되지 않나 그런 생각이 좀 들거든요, 현실적으로. 장소가 있고 특히 이쪽[안산]으로 옮

거 온다는 얘기도 있는데, 저는 이쪽으로 옮겨 오는 거에 대해서는 약간 부정적이고, 만약에 그 목포 쪽이나 목포 신항 쪽에다 뭔가 한다는 거는 찬성하는 편이고요.

면담자　　　　인양이나 선체 처리 문제는 한편으로 진행됨과 동시에, 새 정부 들어 사참특위[사회적참사특별조사위원회], 이른바 2기 특조위가 현재 운영 중이에요.

연화 아빠　　　아, 그래요? 저는 그런 건 아직 모르겠어요.

면담자　　　　현재 2기 특조위가 구성돼서 활동을 시작했습니다. 아버님이 여러 경로를 통해서 1기 특조위에 대해서 아시고, 새로 특조위가 만들어졌으면 하는 기대감도 있을 것 같아요. 1기 특조위가 진행됐을 때 아쉬운 점은 무엇이고, 새로 활동을 시작하는 2기 특조위에 바람이 있다면 뭘까요?

연화 아빠　　　저는 글쎄 뭐 그 상세한 거는 원래 안 들었으니까 잘 모르는데, 뉴스나 얼핏 주위에서 얘기하는 거 들어보면 예전에 1기 때는 방해하는 사람들이 많이 있었잖아요. 방해하는 사람들이 많이 있었는데, 지금 2기 때는 좀 그런 것들이 없이 서로 협력을 해서 뭔가 해결하려고 하는 그런 저기가 좀 됐으면 바람이거든요. 그래야 이 진실이 어떻든 간에 뭐 서로 협력을 해서 이거를[결론을] 찾아 낸 거라고 하면 그거를 수긍할 수가 있을 텐데, 뭐 1기 때처럼 반대하고 방해하고 저기 하는 사람들이 있다고 하면 이게 제대로 저기 뭐냐 진실 규명이 됐겠느냐는 얘기죠. 결론이야 어떻게 됐든 2기에서 합쳐갖고 결론이 난다고 하면 그게 진실이라고 받아들일 수밖에 없으니까. 그렇게 해가지고 가면 이것도 너무 오래 끄는 거보다 협조해서 빨리 사람들이, 유가족이나 누가 이렇게 치유될 수 있도록, 그거를 좀 뭐야 해줬으면 하는 바람이죠. 근데 솔직히 이상한 얘기를 한마디, 이렇게 주위에서 "뭐가 안 되고 있다. 뭐 했다" 그러면 스트레스가 장난이 아니에요, 스트레스가. 말로는 "아! 그래?" 넘기지만 제 성격이 그래서 그런지 몰라도 집에 와가지고 누워 있으면, 이게 끓어오르기도 하고 속으로 욕하고 TV 보면서도 그냥 겉으로도 욕을 하고 그래요. 집사람이 깜짝깜짝 놀래요. 그거가 어떻게 보면 그렇게 생각을 안 하게 하는 것도 진상 규명이라든가 정부 쪽에서 어떤 해야 될 일들인데, 이게 계속 생각을 잊을 만하면 또 끄집어 올리고 끄집어 올려갖고 이게 울화가 계속 쌓이는 그런 게 좀 있어요.

면담자   그러니까 아버님은 진상 규명이 유가족이 치유되는 출발이라고 보시는군요.

연화 아빠   네에.

면담자   진상 규명하는 과정에서 지지부진함이나 답답함, 방해하는 소식을 들으면 보통 사람들이 생각하는 것보다 굉장히 큰 분노가 끓어오른다고 말씀하시는데, 아까 뉴스 안 본다고 얘기하신 거나 이런 게 다 일맥상통한다고 봐요. 어떤 얘기를 들었을 때 어떤 현상이 일어나는지 구체적인 예를 들어주실 수 있을까요?

연화 아빠   인제 뭐 TV나 이런 데서 세월호 관련돼서 이렇게 나오잖아요. 특히 배 측면으로 이렇게 기울어진 거 보면 인제 옛날 생각이 다시 떠올라요. 딸내미하고 마지막으로 통화한 게 있으니까. 말마따나 똑같은 얘기지만 "거기 선생님 말씀 잘 듣고, 저기 하고 단체 행동해라". 그거하고 인제 마지막 문자가 "아빠, 나 살려줘" 그 내용입니다. 전화받고 움직이는 사이에 문자가 왔는데, 그거를 이제 답을 못 해준 거가 계속 "아빠, 나 살려줘" 그 단어가 계속 와요[계속 마음에 걸려요]. 그러다 보니까 이게 생각을 안 하려 그래도 나죠.

면담자   이성적으로 얘기하면 연화가 아버님한테 살려달라고 얘기할 수밖에 없었는데도 아버님이 살려줄 수 있는 위치에 있지 않았고, 그것은 연화도 알고 아버님도 아는 사실이죠. 그런데 가족이나 연화의 책임이 아닌 뭔가 원인을 알 수 없는, 다시 말해 책임 소지가 어디인지 알 수 없는 상태에서 연화의 마지막 말이 아버님에게는 아주 큰 억울함의 원인으로 작용하는 것 같아요. 지금 얘기 나온 김에 아버님은 침몰 원인을 어떻게 생각하세요? 물론 우리가 알 수 없지만, 도대체 침몰 원인이 어느 쪽에 있다고 보십니까?

연화 아빠   그러니까 딸내미하고 통화할 때까지는 이미 소방 헬기나 여기저기 와가지고 구명조끼는 안 입었다고 했었는데, 구명조끼를 나중에 입었다는 얘기까지 들었거든요. 근데 그거하고 그 짧은 시간이거든요. 짧은 시간에 그렇게 저기가[침몰이] 된다는 거가 진짜 과연 배에 물이 들어와서 뒤에가 열려 있다고 하지만, 물이 들어와서 그 정도까지 바로 '몇 분 만에 뒤집어질까?'라는 생각이 이해가 좀 안 가는 거죠. 물이 들어오기 시작하면 뭔가 위에나 어디에서 조치를 취할 정도는 됐을 거 같은데, 그게 지금 아직까지도 의심 가는 것 중에 하나예요. 이거는 뭔가 진짜 누구 말마따나, 뭐가 쳐갖고 순식간에 이렇게 뒤집어지지 않은 이상은 그게 과연 기울기 시작해 갖고 어느 정도 물이 들어와 바로 기울기는 하겠지만, 그 짧은 시간 찰나에 그 정도까지 되지는 않는다고 봅니다. 이게 아무리 뚜껑 열려 있다고 해서 물이 들어온다고 하더래도 그 큰 배에 그건 좀 이해가 좀 가지 않더라구요. 딸내미하고 통화한 걸로 보면 1시간째 그냥 제자리에 서 있다고 그랬었으니까. 근데 그 침몰됐다는 소식 딱 듣고, 뭐야 옷 입고 나오고 하는 사이에 [연화에게] 문자 와갖고 저기 된 거 보면, 가가지고 딸내미하고 통화하고 뭐 하고, 5분에서 10분 사인데 '그 정도로 뒤집어졌을까?'라는 생각이, 뭔가 충격이 있지 않으면 그렇게 쉽게 [뒤집어졌다고 보기 어렵죠. 물 받아가지고, 저희들이 뭐 회사에서 뽐뿌[펌프]로 갖다가 물한 통 받는데도, 저희들 한두 통 받을라고 해도 그게 뭐 20~30분이 걸리는 건데, 뭐 그 큰 배에 바닷물이 들어와서 뒤집어질 정도면 이게 완전히 활딱 열려 있는 것도 아니고, 그렇게 쉽지는 않았을 거 같은데, 좀 그게 좀 의심이 가요.

면담자 ·인양하고 배 안에 있던 차량의 블랙박스를 분석해 KBS에서 보도했고, 〈그날, 바다〉라는 영화에도 나왔습니다. 15도 정도 기울어졌던 배가 45도 이상 기울어지는 건 순식간에, 몇 초만에 넘어가거든요.

연화 아빠   네에.

면담자   아버님이 말씀하신 "그 원인이 그 무엇인지 알 수 없다"는 대목이 현재 밝혀지지 않은 부분이죠. 그 부분을 밝히는 게 진상 규명의 핵심 과제라고 봅니다. 많은 유가족이 '뭔가 충격이 있었을 가능성이 있다'고 생각하는 이유는 갑자기 기울어진….

연화 아빠   네에, 짧은 시간에요.

면담자   설명이 되지 않기 때문에 그렇게 말씀하시는 거죠.

연화 아빠   네에. 물이 이미 들어왔다고 치면 그게 좀 시간이 걸렸을 텐데, 급변침이라는 거는 뭔가 물이 들어왔으니까 급변침이 된 거 아닌가라는 생각이 들고요.

면담자   그 부분을 밝히는 게 앞으로 2기 특조위의 핵심 과제라고 생각합니다. 또 다른 아쉬움은 없을까요? 진상을 규명하는 데 우리 사회의 모든 역량이 동원되면 좋을 텐데 그렇지 않다든가.

연화 아빠   뭐 그거까지는 잘 모르겠고.

면담자   뉴스나 매체에서 해양 전문가들은 어떻게 보셨어요?

연화 아빠   저는 뉴스를 잘 안 보니까 그거에 대해서 깊게는 잘 몰라요.

면담자   구조에 대해서 좀 여쭐게요. 해경에서는 아이들을 구조한다고 얘기했는데, 실제로는 구조하지 않았기 때문에 저희가 '이른바 구조'라는 용어를 씁니다. '이른바 구조'의 과정은 진도에 내려갈 때나 팽목항에서도 TV로 보셨을 텐데, 어떻게 생각하십니까?

연화 아빠   근데 이제 구조… 첨엔 저희도 내려갈 때는 살아 있다고 얘기를 듣고 갔어요. 들리는 얘기가 살아 있다는 얘기가 좀 있어 가지고 가긴 갔는데, 아마 팽목에 저희 유가족들 중에서는 거의 손가락 안에 들 정도로 빨리 갔거든요. 뭐 연화는 살아 있다고, 오는 중이라고 그렇게 얘기도 듣고 그래 가지고. 근데 거기 학생 애들이 들어보니까 70명 외에는 없더라구요. 경찰관들이나 누구 이렇게 물어보니까 또 다른 데로 온다고 하는 얘기도 있고, 그래 가지고 기다려보는데 없더라구요. 그러니까 어떻게 보면 정보라든가 뭐 이런 것들이 일관되지 않고 그냥 각자. 경찰관들도 체계적으로 얘기 듣고 보고를 받았으면 고거대로 설명을 해주면 딱 틀린 정보가 없이 이게 유가족들한테 제대로 전달이 될 텐데, 오는 데마다 이게 정보가 다르다 보니까 이게 좀 너무 그런 쪽에서 우왕좌왕하지 않나? 그러니까 말마따나 구조도 우왕좌왕했을 거 같아요. 말마따나 저희도 〈허드슨강의 기적〉[영화 〈설리: 허드슨강의 기적〉]인가 그런 거처럼 뭔가 일이 발생이 돼버리면 중앙 부서가 그거의 관련 부서들하고 같이 그냥 들어가서 뭔가 이렇게 구조해 내고 그랬으면 괜찮은데, 그런 생각이 좀 들어. 저희 소방공무원이 말마따나 거기에 투입이 바로 돼가지고 지시 없이, 그냥 갔다고 하면 반 이상은 살았으리라고 저는 개인적으로 봐요. 왜냐하면 그분들은 직업의식이 있기 때문에. 직업의식이 있는 분하고 없는 거는 큰 차이라고 저는 개인적으로 생각하거든요.

저도 여기 뭐 전기 쪽이나 기계 쪽 업무를 하기 때문에, 엔지니어 입장하고 엔지니어 아닌 입장하고는 바라보는 시선이 달라요. 그라고 무슨 일 있으면 이쪽 엔지니어 입장은 뛰어들어 가거든요. 내가 어떻게 됐든 간에 뛰어들어 가거든요. 근데 이쪽은 그거 아니거든요, 온갖 생각을 다 하거든요. 그거처럼 저들도 뭐 소방관, 뭐야 방재청도 있고 구조대도 있고 하지만 저 개인적으론 그래요. 우리나라 구조 시스템의 제일은[첫째는] 소방청에서 알아야 한다. 그거에 따라서 경찰, 군인 이거가 일사불란하게 움직여 줘야지, 뭐 군인 따로 경찰 따로 해양경찰 따로, 이거는 아니라고 지금 저는 봐지거든요. 왜냐하면 공무원들이, 경험해 보셨는지 몰라도, 똑같은 거 하나를 가지고도 이리 미루고 저리 미루고 그래요. 그게 우리나라 공무원이거든요. 근데 저런 구조 업무도 과연 누가 나설까요? 앞장서는 사람이 책임을 져야 되는데, 안 할 거 같아요. 그러니까 이 세월호 관련해서도 소방 헬기 왔었고, 경찰 경비정 왔었고, 주위 어선들 있었고, 군인들. 근데 다 저기 된 거 아니에요, 실질적으로. 그거는 뭐냐 하면 중구난방이었다는 얘기죠, 각자.

연화 아빠 이종해

면담자　　　사실 119, 그러니까 육상의 구조 전문 국가 기구는 독립성이 강하고 규모도 상당히 큰데, 해양 구조는 해양경찰청 소속 122구조대가 맡고 있어요. 말하자면 경찰청에 119가 속한 셈이죠. 그래서 '구조 체계가 119와 같이 통합적으로 이뤄질 필요가 있다'고 지적하신 것 같아요. 이제 구조 얘기, 마지막 질문입니다. 진상 규명에 당연히 구조하지 않은 부분이 포함돼야 하지 않습니까? 아버님은 어떤 진상을 제일 규명해야 한다고 보세요?

연화 아빠　　　저는 왜 그 많은 어선이나 군인이나 경찰들이 왜 거기에 즉각적으로 투입이 안 됐는지, 투입이 됐더라면 몇 사람이라도 더 저거를[구조를] 했을 텐데 그거를 안 했다는 거가, 그거를 누군가가 뭔가 명령을 지시를 하지 않았거나 했으니까 안 들어갔을 거란 말이에요. 저도 뭐 정확하게는 모르지만 소방 헬기나 누구 왔다가 기름 없어서 다시 돌아간 것도 알고 있고, 얼핏 들은 거 같고. 그런 거라고 하면 그 사람들이 마지막 한두 사람이라도 투입이 됐더라면 누군가는 건져 올렸을 거 아니냐는 얘기죠.

면담자　　　알겠습니다. 아버님, 목포 신항에 가셨을 때 어땠어요? 세월호가 가로놓인 상태나 직립이 된 모습을 보셨을 텐데요.

연화 아빠　　　마음이 상당히 많이 착잡했어요. 딸내미 생각, 그 마지막 순간 뭐 이런 것들이 좀 많이 떠오르고. 그래 갖고 한 번 보고 그다음에는 이제 들어가서 보지는 않았죠, 바깥에서만 지원을 하고. 뭔가 성격이 그래서 그런지 몰라도 이렇게 싫은 게 있으면 볼라고 안 해요, 그냥 이렇게 배제를 할라고 하는 그런 성격이라서.

면담자　　　특히 가로놓인 배를 본다는 건, 그 상태인 배에 아이가 있었으리라는 연상이 된다는 말씀이에요?

연화 아빠　　　네에. 올라오려고. 형님이 그러시더라구요. 배가 몇 도 이상, 이게 몇 도만 이렇게 기울어도 특히 바닥이 미끄럽고 그러기 때문에 특히 저기들은[승객들은] 올라오지를 못한다고 하더라구요. 형님이 해병대 출신이라 인제 바다에 대해서 그래도 어느 정도 아시니까 "배가 조금만 기울어도 못 올라오기 때문에 살기 힘들다" 뭐 그런 얘기를 하시더라구요. 그래 가지고 그거 보니까 말마따나 나오려고 몸부림을 상당히 많이 쳤을 것 같은 그런 생각이 들어서.

4
일상생활의 변화

면담자　　　연화를 하늘로 보낸 지 4년 9개월, 10개월 정도 됐습니다. 2014년 기준으로 보면 시간이 많이 지난 편인데, 당시와 5년이 다 된 지금 아버님의 일상에 변화가 좀 있습니까?

연화 아빠　　　변화는 일단 마음의 변화가 좀 있으면, 옛날에는 살려고 했었어요. 근데 요즘에는 삶에 대한 의욕은 없어요. 아까도 얘기했듯이 어차피 제가 장수할 체질은 아니기 때문에 그냥 약간 좀 삶에 대해서 그렇게 저기 하지 않고. 그러고 작년 같은 경우에 여기 온마음센터죠, 정신과 치료도 받고 있지만, 문득문득 이렇게 뛰어내릴 뭐 이런 생각을 좀 해요. 박사님은 그러시더라구요, 그거 생각하구 안 뛰어내리는 사람은 절대 뛰어내리지를 않는다구. 근데 이게 마음이 축 가라앉고 그러면 이게 우울증인지 몰라. 인제 눈물 흘리고, 그러면 아파트에서 이렇게 있으면 뛰어내릴라고 하기도 하고, 회사에서도 여차하면 옥상 같은 데 올라가 있을 때 보면 그냥 할 때도 있고, 차 갖고 가다가도 그냥 '아이씨! 전봇대라도 박아버릴까?' 하는 그런 게 좀 있었어요. 그래 가지고 상당히 스트레스를 많이 받아가지고 여기에서 치료 좀 하고, 여기에서 한번 받고 나면 그래도 이게 좀 많이 풀어지더라구요, 좀 오래가고. 그래 갖고 세월호 사고 있었을 때 저쪽 분향소 쪽에서 좀 [정신과 상담] 받고, 그 이후에 또 다른 데서 한번 받고, 그리고 작년에는 이쪽[온마음센터]에서 받고 그랬는데. 마음의 변화는 그런 게 있는 거 같애요. [전에는] 살고자, 살려고 바둥바둥했다고 하면, 지금은 그냥 뭐 살든 뭐를 하든 그냥 마음이 약간 가라앉아 있는 그런 거 같고. 그리고 일상생활에서는 그거를 좀 줄이려고 누구를 좀 만나려고 하고 있고, 요즘은 건강이 또 많이 좀 안 좋으니까 헬스를 시작하고 그러고 있죠.

면담자   2014년 기준으로 보면 친구나 친척분들은 많이 만나시는 편이네요?

연화 아빠   네, 그렇지요. 저희 친척이 그렇게 많지는 않아 가지고, 형제들이 6남매라 형제들끼리 잘 어울리고 뭐 그렇게 하고. 친구들은 어차피 뭐 정기 모임이나 이런 때나 모이고 그러니까 저기 하고. 친구들하고 모여서 저기 하는 거보다, 요즘엔 유가족들끼리 같이 모여서 얘기도 하고 저녁도 먹고, 동아리 모임도 작년서부터 이렇게 하다 보니까 마음이 좀 편해지기도 하는 거 같애요.

면담자   유가족은 주로 어떤 분들이 만나요?

연화 아빠   1반 모임도 있고. 주로 반별로 모임을 하는 거 같애요. 뭐 저희들이 자주 만나고 해서 유대 관계가 아직까지는 그나마 많이 잘되고 있어요.

면담자   현재 1반 대표는 누가 하시죠?

연화 아빠   민지 아빠하고요.

면담자   아, 민지 아빠가 하시고요.

연화 아빠   김내근 씨가 하고 있어요.

면담자   친구나 친지들이 좋은 의도에서 위로한다고 여러 가지 얘기도 하고, 심지어 "죽은 아이는 빨리 잊는 게 좋다"고 하면 초기에는 그 자체가 너무 상처가 돼서 사람들을 만나기 굉장히 힘들어하시는 유가족분이 많았어요.

연화 아빠   예에, 많이 있었어요.

면담자　　　아버님은 어떠셨어요?

연화 아빠　　　저는 그러니까 일단 저를 알고, 어차피 여기 일이 있어서 문상 오거나 알고 있는 사람들한테는 좀 덜했는데, 새로운 친구들 있잖아요. 뭐 고등학교나 초등학교 이렇게 친구들, 그중에서 이제 한둘이 알고 있는 애들은 있거든요. 근데 그 외 친구들은 모르니까 만나러 가고 싶어도 또 이 세월호 이 저기가 대두가 될까 봐 못 가요, 만나고 싶어도. 그게 없지 않아 있어요, 아직까지는. 알고 있는 사람들은 괜찮은데 새로, 알고 있을 수도 있고 누군가 친구를[친구 얘기를] 듣고 그다음에 거기 가서 우연찮게 알 수도 있고 그러니까 그게 약간 싫어서 안 나가고 있어요. 친구들 저기는 아는 애들끼리만 만나고.

면담자　　　아까 살려는 의지보다 이래도 그만 저래도 그만, 심지어 죽고 싶은 생각이 든다고 하셨는데, 가장 큰 이유는 뭘까요?

연화 아빠　　　그러니까 어떻게 보면 미안함이지.

면담자　　　연화한테요?

연화 아빠　　　딸내미한테. 예에, 뭐 말마따나 아까 그 문자 그런 거 있고 그러니까 미안한 것도 있고. 뭐 그렇다 보니까 딸내미 생각이 또 자주 나고, 딸내미한테 자주 가다 보니까 어떻게 보면 빨리 같이 가서 만나보는 것도 괜찮다라는 생각도 할 때가 있어요, 살면서.

면담자   아버님이 죽음을 선택하면 연화를 만난다는 보장은 없잖아요.

연화 아빠   그러니까 운동하고 그러잖아요(웃음). 여기 있는 사람들도 중요하고 그러니까. 근데 그런 생각들이 갈 때나 이런 때마다 든다는 거지. 마음은, 마음의 생각은 드는데 행동은 어차피 그렇게 못 하니까.

면담자   연화가 꿈에서 짜증도 낸다고 하셨어요. 연화가 하늘에서 아버님한테 '아빠, 이런 걸 이렇게 잘하고 살아줘라'고 이야기하는 상상을 해보신 적 없어요?

연화 아빠   그런 생각은 별로 안 들었던 거 같아요. 그냥 거기 가서 만났다는 게 마음으로 이렇게 대화할 때 보면, 그냥 느낌이 와요. '아빠, 잘 있었어?' 하는 그런 느낌은 약간 좀 들긴 해요, 나도 속으로 막 대화하고 할 때는 그런 거 아니면 다른 건 없어요. 그런 거 때문에도 가긴 가는 거 같아요.

5
4·16 정신에 대한 이야기

면담자   알겠습니다. 일부 사람들이 4·16 정신이라는 용어를 써요. 세월호 유가족은 아이를 잃었지만, 그 후 여러 가지 깨달음이 있었지요. 그걸 4·16 정신이라 부르고, '4·16 정신은 앞으로 많은 사회 구성원들이 유가족을 통해 반드시 배워야 할 것'이라는 이야기가 있어요. 그런 이야기를 몇 가지 여쭙고 싶어요. 교육관이나 여러 가지 면에서 아버님의 현재 생각을 들려주세요.

연화 아빠   저는 애들도 그렇지만 저도 뭐 고졸이에요. 회사에서 전문대 졸업했지만, 배우는 거에 대해서 제가 뭐 그렇게 많이 배운 것도 아니고, 자식들도 그렇고 ○○나 연화도 학교 다니면서 뭐 공부를 잘한 게 아니거든요. 그렇게 하고 학원도 다니고 그래도 성적도 안 오르고 해서 "너희들이 하고 싶은 거 해라" 하는 쪽으로 중학교 때부터 저기를 했어요. "너희들 이제 하고 싶은 거대로 하면 차라리 학원비 대신에 너희들이 하고 싶은 걸로 그쪽에다가 투자를 해주겠다" 그렇게 하고 키웠거든요. 근데 지금에 와가지고는 그전에 그 뭐야 저도 마찬가지고, 뭐 제 아들내미도 마찬가지고, 가정이라고 해야 될까? 이거 아까 그 직장생활보다 노동보다는 가정에 좀 치우치는 쪽으로. 근데 저는(웃음) 사고방식이 그래서 그런가 몰라도 저는 반대라고, 저는 '뭐 했으면 그렇게 하면 좋겠다'라는 생각은 들어요. 지금도 제가 이 세월호 있기 전에는 말마따나 일을 싸가지고 와서 집에서도 일 있을 때는 새벽 3~4시까지 하고, 또 가갖고 일 마무리하고 이렇게 하는 스타일이었기 때문에 뭐야, 그 예들은 변함이 없어요. 그런데 사고 이후에는 그런 것들이 많이 없어졌어요. 그래서 요즘에 사회 풍조가 땡하면 이제 가잖아요, 퇴근하잖아요. 근데 어떻게 보면 여유가 있어 가지고 자식들하고 같이 이렇게 어울리고 하는 거까지는 저도 좋다고 생각을 해요. 가족들하고 같이 여행도 다니고 추억도 많이 쌓을 수 있으니까 좋기는 한데, 저도 이제 직장생활을 하다 보니까 요즘 세대 아이들하고 저희 40대 중·후반인 밑에 있는 애들하고, 뭐 저도 마찬가지지만, 이제 비교를 해보면 극과 극이에요.

어떻게 보면 요즘은 효율성이 없다고 해야 하나? 생산성이 안 나오는 거예요. 40대 이후에 있는 사람들은 생산성이 만약에 70~80이라고 하면, 지금에 있는 사람들의 생산성은 어떻게 보면 40~50밖에 안 돼요. 개인적으로 보면, 업무적으로 보면 회사, 우리 인제 초등학교 때 혹시 저기 하지만 옛날에는 국민교육헌장 외웠잖아요. "나라의 발전이 나의 발전이다". 똑같이 회사가 뭔가 돼야 내 가정도 있는 거지, 내 가정만 가지고 생활할 수는 없는 거거든요. 그러니까 어느 정도 회사의 일은 나름대로 해주고 그 나머지에서 여가 생활을 찾는 쪽으로 가야 된다고 봐지는데, 그거는 요즘 좀 많이 바뀌고 있는 거 같애요. 근데 인제 그렇게 하는 만큼 책임감도 따라줘야 되는데, 그걸 못 따라준다는 거가 좀 문제고.

그거는 '우리 기성세대가 그렇게 만들지 않았나?', '내 자식만 오냐오냐하다 보니까 그러지 않나?'라는 생각이 요즘 좀 많이 들어요. 근데 변화는 하긴 해야 한다는, 뭐 저도 유럽 쪽은 자주 나가는 편이니까 거기 가서 보면 그 사람들은 부럽거든요. 3시 반, 4시 반이면 딱 끝나고 일할 때도 보면 음악 틀어놓고 자기 일만 딱 자기 스케줄에서 그 일만 하고 퇴근하고 끝나면, 뭐 헬스장이라고 그러나? 농구장이나 탁구장, 생활체육관 같은 데 가갖고 탁구도 치고 배드민

턴도 하고 뭐 이런 거 하는 거 보면 좋긴 좋더라고. 근데 이젠 단 하나, 재미는 없을 거 같애요. 우리나라 여기서 뭐 음주가무 즐기는 저기 하고 유럽에서처럼 이렇게 조용하게 생활하는 거하고 또 삶의 방식이 차이가 있다 보니까 다를지언정 여하튼 여가 시간이 있어서 지내는 거는 좋다고 생각을 하는데, 그에 따른 책임감도 있어야 된다고 저는 생각을 해요.

6
세월호 참사와 관련한 바람, 개인적인 바람

면담자 　　　마무리 질문으로 크게 두 가지 여쭈려고 해요. 하나는 세월호 참사와 관련해서 아버님께 남은 바람이 뭐가 있을까요?

연화 아빠 　　　저는 세월호죠.

면담자 　　　예를 들면 진상 규명이나 추모공원 등 여러 가지가 있을 텐데요. 연화와 관련된 것이 있을 수도 있지만, 세월호 참사와 관련해서 '한 가지만 해결됐으면 좋겠다'는 점이 있다면 뭘까요?

연화 아빠 　　　저는 뭐 아까도 얼핏 저기 했지만 구조 체계, 이게 좀 바뀌어야 되지 않을까라는 생각이 들어요. 진상 규명도 중요하고 다른 것들도 중요한 것들이 많이 있는데, '이게[구조 방식이] 체계적이어야 나중에 어떤 희생되는 사람들도 좀 덜하지 않을까?' 이런 생각이 좀 들거든요.

면담자　　　그 얘기를 하시니까 기억이 나는데, 박근혜 전 대통령이 구조 체계를 정비한다고 조직도 만들고 했잖습니까? 그런 걸 보시고 어땠어요?

연화 아빠　　　그건 그냥 뭔가 그때 그 상황을 모면하기 위한 조치지, 실질적으로 그거를 지금 현재 우리나라의 이 구조 체계라든지 그런 거를 진짜 고민을 해서 어떤 대안이 나온 거라고 저는 생각을 안 하거든요. 뭐 쉽게 얘기해서 뭐 요즘에 여기 뭐야, 곽의종[이국종] 선생님인가요? 여기 아주대학병원에 외과[외상외과] 저기 하시는 분들 나와서 얘기하시는 거 보면, 거의 아직 변화가 없다는 거밖에는 저는 받아들여지지 않거든요. 그런 걸로 보면 사소한 거지만 그런 체계 하나하나가 이렇게 확립을 해나가면 나갈수록 어떤 희생이라든가 아니면 그거에 대한 보완책이나 거기에서 어떤 문제점이 나오면 시스템에 대한 보완도 있겠고, 어떤 시설이라든가 이런 거에 대한 보완책도 나올 거라고 보거든요. 근데 그런 것들이 없잖아요, 실질적으로. 지금 그냥 겉핥기식으로 하는 거기 때문에 저는 변함이 없다 생각을 해요.

면담자　　　세월호 참사 관련해서 아버님이 앞으로 꼭 바라는 점은 넓은 의미에서는 유가족 전체가 주장하는 안전 사회를 만드는 것이고, 그 안전 사회를 만들기 위해 구조 체계가 실질적으로 정비돼서 사고가 일어나면 안 되지만 혹시 사고가 발생했을 때도 구조할 수 있도록 하는 거네요.

연화 아빠 이종해

연화 아빠   그러니까 그런 것들이 되면 우리가 현장에서도 실제 공장이나 아니면 뭐 이런 도심, 빌딩이라든가 이런 쪽에서도 개선책이 나올 거라고 보거든요. 저도 회사에서 개선 제안이나 뭐 이런 것들을 하고 있지만, 어떻게 보면 누구는[누가] 보면 문제고, 누구는 [누가] 보면 문제가 아니거든요. 근데 그거를 문제로 봐지기 시작하면 개선점이 나오는 거거든요. 그거처럼 이것들도 하다 보면 그런 것들이[보완책이] 나오지 않을까? 뭐 우리나라 지금 정부 얘기가 나와서 그렇지만, 우리나라 지금 그 환경에 대해서 대두되고 있잖아요, 미세먼지나 이런 거. 근데 우리나라 뭐 욕해서 그런가 모르겠지만 우리나라 공무원들 안산 지역에 여기 환경 감독 나오고 뭐 하고 있지만, 이거는 건수 잡기 위해서 하는 거지, 저기가[해결책이] 아니거든요. 깨끗한 데 와도 털어가지고 먼지 안 나오는 거 없어요. 이런 얘기하면, 폐수처리장에서 일하고 손 씻는 [물이]라고 해도 어차피 하수로 수[질] 처리돼 갖고 나가는 물인데, 거기에[폐수처리장에] 수도꼭지가 틀어 있다고 법적으로 걸린다는 [것은] 상식적으로 이해가 안 가거든요.

면담자   마지막으로 여쭐게요. 연화를 하늘로 보내고 여러 가지가 변하고, 이사하고 새 삶을 꾸리려는 노력을 하신 것 같아요. 새 삶에서 연화와 만나는 방식, 연화를 기억하는 방식을 잘 형성해 가는 듯한데, 아버님 인생에서 꼭 해보고 싶은 한 가지가 있다면 그게 뭘까요?

연화 아빠   그냥 바람이요? 이전에? 그러니까 연화가 있을 때, 아니 아까….

면담자   현시점에요.

연화 아빠   이 시점에요? 저는 딸내미한테는 미안한 얘긴데 가족들끼리 단체 여행을 한번 가보고 싶은 게 있어요. 왜냐하면 그동안에는 뭐야 이 다 같이 여행을 가본 적이 없거든요. 딸내미나 아들내미나 집사람이나 이렇게 단체로 가본 적이 없어요. 누군가 하나는 빠져가지고 못 가봤기 때문에 그냥 다 같이 식구들끼리 모여서 여행 한번 가는 게, 딸내미한테도 이제 못 갔다 왔으니까 같이 한번 갔다 오려고요.

면담자   예를 들어 큰 집을 짓겠다거나 사업을 한번 해보겠다는 얘기가 아니고, 가족 여행을 하는 게 연화 아버님의 남은 꿈이라는 말씀이네요.

연화 아빠   애들하고 같이 못 해본 거니까 지금 있는 저기[식구]라도 해서 한번 같이 가보고 싶은 게 꿈이에요. 뭐 집이나, 저희들은 집은 이사를 했지만 집이나 이런 거에 대해서 돈이나 집에 대해서는 별로 저희 집사람이 저기를 안 해요. 그냥 있으면 있는 대로 쓰고, 없으면 없는 대로 쓰고 그런 방식이에요. 저희 집사람이 결혼해 가지구 지금까지 하는 얘기가 그거예요. "당신이 먼저 갈지 알아, 내가 먼저 갈지 알아?" 그러면 뭐 나이 먹어서 왜 노후, 저는 노후생활을 준비해 놓고 가려고 하는 스타일이고, 집사람은 말마따나 지금에 와갖고 그렇게 얘기하더라구요. "봐봐, 연화 먼저 갔잖아", 근데 뭘 미래를 보냐는 얘기죠. 근데 결혼해서부터 그런 얘기를 했어요. 돈에 대한 스트레스를 안 줘요. 없어도 없는 대로, 있으면 있는 대로 그냥 살아요. 그러니까 뭐 집도 여기 아파트 살다가 그냥, 뭐 이런 얘기해서 그렇지만, 저희가 여기 신도시 아파트 살다가 동생하고 형이나 식구들, 그 IMF 이후에 힘들어 가지고 이 아파트 팔아가지고 식구들 다 빚잔치해 주고 여기로 이사를 온 거거든요. 그러니까 집사람이 돈에 대해서는, 없을 때는 스트레스 본인은 받겠지만, 돈에 대해서 그렇게 미련을 안 둬요, 그 저기 한 거여서. 그렇기 때문에 저도 뭐 집이나 차나 뭐, 원래 차는 뭐 굴러가기만 하면 된다고 했던 게 내 저기니까 그거고. 그다음에 다른 것들도 뭐 사업할 성격은 안 되니까 그런 건 애당초 접고 있기 때문에 그냥 가족들하고 여행 가는 게, 한번 갔다 오는 게 소원이죠.

면담자   가족 여행이 소원이라는 건 앞서 말씀하신 내용에 비출 때 소박한 듯해도 여러 가지를 상징한다고 보여요. 연화와 같이 못 가는 게 아쉽지만, 지금 세 식구가 가서도 연화는 항상 따라다니지 않을까요?

연화 아빠   그렇게 생각합니다.

면담자   연화한테 미안하다고 얘기하셨지만, '세 식구가 가도 연화와 함께'라 생각하고 말씀하셨다고 봅니다.

7
마무리 인사

면담자   지금 1시간 정도 흘렀는데요, 추가 구술을 성실하게 잘해주셨습니다. 정말 고맙습니다.

연화 아빠   제가 말주변도 없고, 세월호 참사에 대해 깊이 관여를 안 하다 보니까 대답을 제대로 했는지 모르겠네요.

면담자   아닙니다. 담담하게 말씀하셨지만 깊이가 있어서 감사드립니다. 혹시 더 하고 싶은 말씀이 있으면 해주세요.

연화 아빠   아니 뭐, 그냥 원활하게 좀 빨리 매듭이 좀 지어졌으면 [좋겠어요]. 저 같은 사람처럼 마음을 빨리 좀 다잡을 수 있도록 정부나 저기에서 많이 좀 도움이 돼주셨으면 하는 게 바람이죠. 그래야 유가족들도 저뿐만이 아니고 똑같이, 똑같은 마음이 아닐까 그런 생각이 들거든요.

면담자   그럼 이것으로 마치겠습니다.

연화 아빠   감사합니다. 수고 많으셨습니다.

4·16구술증언록 단원고 2학년 1반 제6권

그날을 말하다 연화 아빠 이종해

ⓒ 4·16기억저장소, 2019

기획 편집 4·16기억저장소 ┊ **지원 협조** (사)4·16세월호참사가족협의회
펴낸이 김종수 ┊ **펴낸곳** 한울엠플러스(주)
초판 1쇄 인쇄 2019년 4월 1일 ┊ **초판 1쇄 발행** 2019년 4월 16일
주소 10881 경기도 파주시 광인사길 153 한울시소빌딩 3층
전화 031-955-0655 ┊ **팩스** 031-955-0656 ┊ **홈페이지** www.hanulmplus.kr
등록번호 제406-2015-000143호

Printed in Korea.
ISBN 978-89-460-6706-6 04300
         978-89-460-6700-4 (세트)
* 책값은 겉표지에 표시되어 있습니다.